Dr. Doris Märtin begleitet seit über 20 Jahren Unternehmen, Organisationen und Persönlichkeiten beim Aufstieg und Auftritt. Als Autorin denkt sie über das gute, erfüllte Leben nach und gibt innovative Impulse für emotionale Intelligenz, persönliche Entwicklung, beruflichen Erfolg und Exzellenz auf Augenhöhe. Dabei verknüpft sie psychologische, philosophische und Management-Perspektiven und fasst sie in eine klare Sprache und einprägsame Storys. Zu ihren erfolgreichsten Büchern zählen *Small talk. Die Kunst des kleinen Gesprächs*, *Erfolgreich texten*, *Gut ist besser als perfekt. Die Kunst, sich das Leben leichter zu machen* und *Habitus. Sind Sie bereit für den Sprung nach ganz oben?*. Ihre Bücher erscheinen unter anderem auch in China, Japan, Südkorea, den Niederlanden, Spanien und Italien.

DORIS MÄRTIN

NICHT MEIN ZOO, NICHT MEINE ZEBRAS

UND 25 ANDERE SÄTZE, DIE COACH UND COUCH ERSETZEN

ARISTON

Bibliografische Information der Deutschen Bibliothek
Die Deutsche Bibliothek verzeichnet diese Publikation in der Deutschen Nationalbibliografie; detaillierte bibliografische Daten sind im Internet unter www.dnb.de abrufbar.

MIX
Papier | Fördert gute Waldnutzung
FSC® C014889

Penguin Random House Verlagsgruppe FSC® N001967

Redaktion: Evelyn Boos-Körner
Illustrationen: Isabel Klett
Umschlaggestaltung: Nele Schütz Design
unter Verwendung eines Motivs von Shutterstock Images LLC (1921653323)
Satz: Satzwerk Huber, Germering
Druck und Bindung: Friedrich Pustet GmbH & Co. KG, Regensburg
Printed in Germany

ISBN: 978-3-424-20289-2

INHALT

Natürlich spreche ich mit mir selbst:
Ich brauche ja kompetente Beratung 7

1 Ich komme immer zurecht 13

2 Ich hau sie mit Freundlichkeit um 23

3 Nicht mein Zoo, nicht meine Zebras 33

4 Küss den Frosch gleich nach dem Frühstück 43

5 Darüber denke ich nicht einmal nach 53

6 Ich bin, wie ich bin. Alles andere ist mir zu anstrengend 63

7 Es gibt nichts Wohligeres, als zu Hause zu sein 73

8 Glaub dir nicht alles, was du denkst 85

9 Table for one, dinner for two 95

10 Wenn du nicht besser sein kannst als die Konkurrenz, dann zieh dich einfach besser an 105

11 Deine Firma liegt nicht nachts wach und denkt an dich 115

12 Gut ist besser als perfekt 125

13 Das sind keine Macken, das sind Special Effects 135

14 Up is, wenn up is, und nu is nich up 143

15 Ich greife nach den Sternen, selbst wenn ich am Ende nur auf dem Mond lande 153

16 Ein gutes Leben ist die beste Rache 163

17 No news, no shoes 173

18 Ich bin nicht neidisch, ich bin inspiriert 183

19 Paris ist immer eine gute Idee 193

20 Ich bin völlig unkompliziert, solange keine anderen Lebewesen beteiligt sind.... 203

21 Glänzt du noch oder strahlst du schon? 213

22 Weniger ist mehr. Außer bei Schokolade.... 223

23 Ich werfe alles hin und werde Prinzessin ... 233

24 Es steht auf meiner Liste 243

25 Awesome! 253

PS: Das ist ein Gedanke 263

Quellenangaben 270

NATÜRLICH SPRECHE ICH MIT MIR SELBST: ICH BRAUCHE JA KOMPETENTE BERATUNG

»Ich bin klug«, lese ich in schönster Kalligrafie auf Pinterest. »Ich bin stark. Ich gehöre dazu. Ich werde täglich besser und besser.« Fehlt eigentlich nur noch: »Ich werde Hollywoodstar.« Mal unter uns: Glauben Sie sich diese Art von Selbstgespräch? Bewährt es sich für Sie, morgens vor dem Spiegel die eigene Person schönzureden? Meine Erfahrung damit ist: Ich trage einstweilen lieber guten UV-Schutz auf. Dessen Wirksamkeit ist nämlich wissenschaftlich erwiesen. Krampfhafte Selbstbespiegelung hingegen flog schon der Stiefmutter in *Schneewittchen* um die Ohren. Denn Wunschdenken allein genügt eben nicht. Den Wirklichkeitstest müssen die Botschaften an uns selbst auch bestehen.

Wir können uns deshalb lang suggerieren, der Klügste im Raum, die Schönste im Land und demnächst so reich wie die Kardashians zu sein. Es nutzt nur nicht viel.[1] Laut Studien zeigen positive Floskeln bei erfolgsgewissen Teilnehmern praktisch kein Ergebnis, wenig selbstbewusste Menschen ziehen sie sogar herunter. Positives Denken bewirkt also keine Wunder. Wir können uns die Welt nicht mal eben schöner reden, als sie ist. Es hat aber einen ungeheueren Effekt, wenn wir uns das Leben so erzählen, dass wir die Silberstreifen am Horizont erkennen.

Angeblich verbringen wir ein Viertel unserer Zeit mit lautlosen Gesprächen im Kopf. Wir beglückwünschen uns, feuern uns an, reden uns zu, vergleichen uns, machen uns Vorwürfe, hoffen das Beste, befürchten das Schlimmste und gelegentlich sprechen wir uns jedes Talent ab. Sie merken schon: Der innere Monolog hält uns auf Trab. Die Art, wie wir mit uns selbst sprechen, beeinflusst unser Selbstvertrauen, unser Wohlbefinden und unser Verhalten. Deshalb ist es klug, den »Self-Talk« um so viele förderliche Gedanken zu bereichern, wie es nur geht. Gedanken, die mehr Glück und Leichtigkeit ins Leben bringen. Gedanken, die Tür und Tor für kreative Lösungen öffnen. Gedanken, die Ihnen guten Mut schenken und das Vertrauen, dass Sie in jeder Situation zurechtkommen. Und nicht zu vergessen: Gedanken, die Ihrem Verstand schlüssig erscheinen. Anderenfalls würde er sie nämlich nicht glauben.

Solche produktiven Gedanken kann man bewusst trainieren. Mental gesunde Menschen müssen dazu nicht einmal einen Coach anheuern oder sich auf die Therapiecouch legen. In den meisten Situationen können Sie sich nämlich sehr gut selbst beraten. Sie brauchen dafür nur ein paar wirkungsvolle Impulse, eingelernte Denkmuster auf links zu drehen und die Dinge im Gespräch mit sich selbst mal anders als gewohnt zu betrachten. Am besten achten Sie auf den Tonfall Ihrer inneren Stimme so selbstverständlich wie darauf, genügend Wasser zu trinken oder etwas für den Rücken zu tun.

Wenn der Körper eine Stärkung braucht, wissen wir uns zu helfen: ein Stück Obst, eine Handvoll Nüsse, vielleicht ein Kaffee, schon finden wir zur gewohnten Form zurück. Ein vergleichbarer Energieschub täte auch der Psyche gut, wenn wir uns ein bisschen aus dem Lot fühlen und die Welt nicht so will, wie wir es gern hätten. Am unkompliziertesten hilft in solchen Fällen ein verrückender Gedanke, der das Denken in andere Bahnen lenkt. Denn die Psychologie wirkt im Wesentlichen über die Sprache. Beim Coaching und in der Therapie spielt der Dialog eine entscheidende Rolle. Unterstützende und erforschende Verbaltechniken sorgen dafür, dass wir Ereignisse anders wahrnehmen und darauf reagieren. Im sprachlichen Austausch entdecken wir unsere Ressourcen. Worte bringen uns in Bewegung und regen zur Selbstreflexion an. Coaches und Psychotherapeutinnen setzen deshalb ein breites Spektrum von Kommunikationstools ein, und wenn Sie aus einem mentalen Loch nicht mehr herausfinden, holen Sie sich am besten professionelle Hilfe.

Bei kleinen seelischen Durchhängern brauchen Sie dagegen nicht das ganze Programm. Meistens genügt es, wenn Sie selbst ein paar gute Strategien greifbar haben. Nichts Großes, Kompliziertes, einfach verschiedene Energieriegel für die Seele, die Sie die Welt freundlicher sehen lassen und dafür sorgen, dass es wieder einigermaßen geht. Tatsächlich gibt es solche Mood Foods fürs Gehirn. Sie kommen fertig vorgedacht und knackig verpackt als Spruch, Zitat oder Lebensweisheit daher. Ich für mich sammle sie seit Langem, vor allem wenn sie widersinnig genug formuliert sind, um Gewissheiten ratzfatz auf den Kopf zu stellen. Veränderungen zum Guten entstehen ja besonders dann, wenn man etwas anderes tut als das, was man gewohnheitsmäßig tut, obwohl es nicht optimal funktioniert. Aus diesem Grund klingen gute Mood-Food-Sätze immer eine Spur irritierend und vielleicht sogar provozierend. Sie fordern Sie heraus, Dinge neu zu denken und alternative Wege zu entdecken.

25 solcher Sätze habe ich in diesem Buch für Sie zusammengestellt. Manche von ihnen habe ich mir in Gesprächen abgelauscht, einige sind mir im Urlaub gekommen, andere finden sich in Büchern, in den sozialen Medien und bei berühmten Persönlichkeiten, sogar aus einem GAP-Store in San Francisco ist mir einer zugeflogen. Alle sagen mit wenigen Worten viel, und wenn man sie erst im Kopf hat, gehen sie dort so schnell nicht mehr raus. Als Miniimpuls liefern sie Ihnen Gedankenfutter, das erstaunliche Aha-Effekte hervorbringen kann. Wenn Sie also zwischendurch das Gefühl haben, eine Portion geistiges Superfood könnte Ihnen guttun, dann haben Sie ab jetzt immer einen unkomplizierten Energiekick zur Hand. Was soll ich lange reden: Am besten probieren Sie es einfach aus.

Schauen Sie sich entspannt in diesem Buch um, lassen Sie sich auf die Sätze ein, die Ihnen spontan am meisten sagen, und dann nehmen Sie sie in das Repertoire Ihres inneren Sprechens auf. Nach und nach kommt ein Impuls zum anderen, je nachdem, welcher Ihnen gerade geeignet erscheint, mehr Elan in Ihr Leben zu bringen. Küssen Sie den Frosch gleich nach dem Frühstück, kultivieren Sie Ihre Spezialeffekte, greifen Sie nach den Sternen, auch wenn Sie nur auf dem Mond landen, sprechen Sie mit sich selbst und unbedingt: Lassen Sie sich überraschen, was sich hinter dem Spruch verbirgt, der mich auf die Idee zu diesem Buch gebracht hat – »Nicht mein Zoo, nicht meine Zebras«. Und wenn Ihnen das alles in einem Durchgang zu viel ist, dann setzen Sie den Rest einfach auf Ihre Liste (ein Satz übrigens, der auch in meinem eigenen Repertoire ganz neu ist und mich schon jetzt Prioritäten viel entspannter sortieren lässt).

Vielleicht wollen Sie sich aber überhaupt nicht entscheiden. Vielleicht lesen Sie Bücher wie ich gern von A bis Z, weil man anderenfalls vielleicht das Beste verpasst. Besonders bei diesem Buch könnte das gut sein, denn Isabel Klett schenkt ihm mit ihren Illustrationen eine federleichte zweite Dimension. Wie Sie es auch angehen: Fühlen Sie sich willkommen! Lassen Sie sich ein auf die Wirkkraft der halb ernsten und voll wirksamen Mood-Food-Sätze. Und wenn Ihnen Ihre innere Stimme gelegentlich zu kritisch oder pessimistisch kommt, setzen Sie ihr einfach einen Spruch entgegen, der ihr die Schärfe nimmt. »One of the hardest things you will ever have to do is make peace between your ears«, habe ich bei der amerikanischen Coachin Brittany Burgunder gelesen.[2] Frei übersetzt: Zu den schwersten Dingen im Leben gehört es, Ruhe zwischen den Ohren zu schaffen. Mit den richtigen Worten im Kopf klappt das oft verblüffend leicht.

1

ICH KOMME IMMER ZURECHT

Sie ist zehn Jahre alt, ihre Mutter ist früh gestorben und ihr Vater meistens im Ausland unterwegs. Sie hat keinen, der das Einmaleins mit ihr übt, und hieße sie nicht Pippi Langstrumpf, würde jeder halbwegs erwachsene Mensch denken, da muss doch jemand was tun. Doch zum Glück haben wir sie kennengelernt, als wir ungefähr so alt waren wie sie, und wie immer wir Pippilotta Efraimstochter fanden: Nicht im Traum wäre uns eingefallen, dass sie eine Pflegefamilie braucht oder einen Besuch vom Jugendamt.

Ich erinnere mich gut, wie sie mich faszinierte, kaum hatte ich das Lesen gelernt, ganz allein in ihrer heruntergekommenen Villa, mit den Goldkoffern und dem Pferd auf der Veranda. Ich konnte mich zwar nicht mit ihr identifizieren, dafür steckte zu viel von der braven Annika in mir. Aber wenn sie abends vor dem Schlafengehen ihrer Mutter im Himmel versicherte »Hab keine Angst, ich komme immer zurecht«, dann spürte ich: Pippi war nicht bloß stark, weil sie ihr Pferd hochheben konnte, und unabhängig, weil niemand sie ermahnte, wenn sie mit den Füßen auf dem Kopfkissen schlief. Sie besaß Superkräfte, weil sie die Bälle parierte, die das Leben ihr zuschoss. Und wenn Sie Pippi Langstrumpf kennen, wissen sie: Die waren nicht ohne. Doch Pippi heulte nicht. Sie blieb guten Mutes und fand einen Ausweg. Obwohl sie keinen Papa hatte, der sie raushaute, und keine Mama, die sie in die Arme nahm.

Auf Englisch heißt Pippis Haltung *attitude*, was nicht mit dem deutschen Wort Attitüde zu verwechseln ist, das eher in Richtung Pose und Gebaren weist. *Attitude* steht für die Einstellung, Herausforderungen und Zumutungen mutig anzupacken. In den angelsächsischen Ländern gilt sie als wichtiges Zeichen von Persönlichkeit. Vielleicht kennen Sie den Ausspruch des amerikanischen Motivationstrainers Zig Ziglar: »It is your attitude, more than your aptitude, that will determine your altitude.« Auf Deutsch: Mehr als dein Können entscheidet deine Einstellung über die Flughöhe, die du erreichst. Ganz so weit würde ich nicht gehen. Wo es auf Spezialkenntnisse ankommt, beim Hautscreening zum Beispiel oder bei der Heizungsinstallation, messe ich dem Können die höhere Bedeutung bei.

Das war es aber auch schon mit den Einschränkungen. Von wenigen Ausnahmen abgesehen, ist »Ich komme immer zurecht« ein Satz, der es in sich hat. Wenn Sie aus dieser Haltung heraus handeln, wendet sich zwar nicht alles zum Guten. Auch der Glaube an die eigenen Fähigkeiten zaubert nicht weg, dass der Partner fremdgeht, das Kind gemobbt wird oder kein Arzt den Grund für die chronischen Schmerzen findet. Doch die Grundzuversicht, man wisse sich zu helfen, stabilisiert in jeder Lage Seele und Geist. Immer. Auch wenn man im Moment das Licht am

Ende des Tunnels noch nicht sehen kann und die üblichen Sprüche (»Das wird schon wieder«, »Da stehst du doch drüber«) schmerzhafte Erfahrungen nur bagatellisieren. Im Vergleich zu ihnen wirkt »Ich komme immer zurecht« ernüchternd nüchtern. Genau das gefällt mir daran. Weder wischt der neue Glaubenssatz Schwierigkeiten vom Tisch noch verspricht er uns das Blaue vom Himmel herunter. Er leugnet nicht, dass wir uns besorgt, durch den Wind oder sogar ziemlich am Ende fühlen. Sein Trost liegt in der Botschaft, dass wir trotzdem zurande kommen.

Man könnte heulen, wenn der Laptop den Geist aufgibt, die Katze seit vier Tagen nicht mehr nach Hause gekommen ist oder die Baufinanzierung in sich zusammenfällt. »Ich komme immer zurecht« bringt unsere innere Stimme in solchen Situationen dazu, optimistischer und lösungsorientierter zu sprechen. Wie kann ich mir in schwieriger Lage etwas Gutes tun? Was hat mir in einer ähnlichen Situation schon einmal weitergeholfen? Was kann ich tun, um die Situation zu entschärfen? Oder wenigstens nicht daran zu verzweifeln?

Wer sich als weniger hilflos erlebt (und sei es nur ein winziges bisschen), hat viel gewonnen. Denn jede klitzekleine Eigeninitiative verbessert die Lage. Von dieser Erfahrung erzählt die neuseeländische Schriftstellerin Claire Nelson in ihren faszinierenden Memoiren *Things I Learned from Falling*. Bei einer Solowanderung im kalifornischen Joshua Tree Park kam sie vom Weg ab, stürzte und zertrümmerte sich das Becken. Ohne Handyempfang und fast ohne Proviant lag sie bewegungsunfähig in der Mojave-Wüste. Kein Mensch wusste, dass sie unterwegs war, geschweige denn wo. Nach vier Tagen unter glühender Sonne und drei eiskalten Nächten wurde Claire wie durch ein Wunder gefunden. Dass sie zu diesem Zeitpunkt noch lebte, verdankte sie nicht dem Glück, sondern der Haltung, auch in aussichtsloser Lage zu tun, was noch geht. Gegen die unerträglichen Schmerzen schluckte sie Aspirin. Aus einem T-Shirt und ihren Wanderstöcken bastelte sie ein provisorisches Sonnensegel. Solange sie Strom hatte, nahm sie Handyvideos von sich auf. Sie konnte sie zwar nicht versenden. Doch das Gefühl, irgendwie mit der Welt in Kontakt zu treten, gab ihr Kraft. Nichts davon befreite sie aus ihrer Lage. Es half ihr aber, sich am Leben zu halten. Wenn sie gerettet werden konnte, dann weil sie jede noch so unscheinbare Möglichkeit nutzte, die ihr geblieben war.

Wie viele Breitseiten haben Sie im Leben schon abbekommen? Wie viele Grenzsituationen haben Sie erlebt? Wie oft waren Sie von Angst, Unsicherheit oder Überforderung betroffen? Wann hat der ganz normale Alltagsstress Ihnen gefühlt den letzten Nerv geraubt? Und wie viel davon haben Sie gemeistert? Vermutlich sehr, sehr viel. So schwer es uns fällt, so weh es auch tut, meistens passen wir uns unfreiwilligen Veränderungen mit mehr Resilienz an, als wir für möglich halten. Auch wenn es kein Zuckerschlecken ist, wir kämpfen uns durch und kommen zurecht. Der Gedanke daran relativiert die Angst und ermutigt, sich auf die eigenen Kräfte zu besinnen. Zumal sich die meisten Katastrophen eher als kleiner denn als größer erweisen.

Gerade höre ich von einem Freund: Die Lungenentzündung, die schon ausgeheilt schien, hat sich zurückgemeldet.

Eigentlich wollte er mit seiner Familie durch Frankreich reisen und an der Atlantikküste einen runden Geburtstag feiern. Der Wohnwagen war gepackt, die schönsten Stellplätze seit Langem gebucht, da zeigt das vermeintlich abschließende Röntgenbild: Aus der Reise wird nichts. Statt Schlemmen und Sport ist Abwarten und Schonen angesagt. Die ausgefallene Tour bedeutet sicher keinen Weltuntergang. Aber auch vergleichsweise geringe Enttäuschungen können uns in ein Loch stürzen, vor allem wenn sich auf absehbare Zeit nichts daran ändern lässt.

Alternativ halten wir es wie Pippilotta und gewinnen misslichen Situationen etwas irgendwie Positives ab. In der Frühlingssonne zu dösen, während die Lunge sich erholt, ist gewiss nicht das Schlechteste. Auch wie draußen die Apfelblüte weiß-rosa wogt, hätte man auf Reisen versäumt. Denn man wäre dann ja, so die Pippi-Logik, nicht zu Hause gewesen. »Und das wäre schade.« Zweckoptimismus? Mag sein. Doch die Haltung, aus dem Unvermeidlichen das Beste oder jedenfalls etwas Vernünftiges zu machen, gibt den Dingen einen anderen Dreh. Wenn nichts anderes hilft, kann es die wichtigste Veränderung sein, das Leben so anzunehmen und zu schätzen, wie es ist.

Düstere Gedanken bremsen uns aus. Wenn wir nicht aufpassen, konzentrieren wir uns bei Enttäuschungen und Problemen nur auf die negativen Aspekte. Das Schwierige und Schlechte rückt in den Fokus. Wir malen uns aus, wie schön das Leben sein könnte, wenn der Wunschzustand eingetreten oder der gute Lauf weitergegangen wäre. Die negativen Gedanken sind rational und berechtigt. Das Dumme ist nur: Sie ziehen uns runter und schränken das

Verhaltensrepertoire ein. Man hält sich für technisch unbegabt und probiert nicht einmal, das Rad flottzukriegen. Man hasst Papierkram und beantragt erst gar keine Fördergelder. Wie auch, wenn man doch weiß, dass es eh nix wird? In Situationen wie diesen lohnt es sich, »Ich komme immer zurecht« in die innere Diskussion einzuspeisen. Im Handumdrehen erinnert uns der Satz an unsere Selbstwirksamkeit. Halb stupst er uns, halb pusht er uns aus der Panik, der Hilflosigkeit, dem Selbstmitleid heraus. Er bringt uns dazu, den Kopf einzuschalten und zu schauen, was wir tun können, auch wenn sich die Situation schwierig gestaltet.

Irgendwann, irgendwie treffen die Schleudern und Pfeile des Schicksals jeden von uns. Sie sind unangenehm und schmerzhaft, und oft können wir nicht einmal etwas dafür. In solchen Fällen profitieren wir davon, wenn wir dem Schweren unsere Kräfte und unseren Glauben entgegenstemmen. Denn etwas geht immer, erst recht, wenn man jede Menge Lebensklugheit hat, liebe Menschen, großartige Abschlüsse, gefragte Kompetenzen und hilfreiche Kontakte. Von unserer Einstellung hängt ab, ob wir auch aus widrigen Situationen etwas halbwegs Gutes herausholen. Weil wir uns nämlich selbst helfen, soweit es eben geht.

Menschen, die ihre Kompetenzen kennen, zeigen Verhaltensweisen, die sie erfolgreich machen. Sie sind von der inneren Überzeugung getragen, dass sie ihre Ziele verwirklichen und schwierigen Situationen gewachsen sind. Sie wissen, wie man sich beruhigt und Verantwortung für das eigene Leben übernimmt. Sie holen sich Hilfe, nehmen harte Schnitte in Kauf, akzeptieren Unvermeidliches und verstehen auch kleine Schritte in die richtige Richtung als Erfolg.

Die Frage ist, wie gelangt man zu dieser Einstellung? Ein Schlüssel liegt in unserem Attributionsstil. So bezeichnen Psychologinnen und Psychologen die Art, wie wir Widrigkeiten bewerten. Möglichkeit 1: Wir dramatisieren die Lage, indem wir verzweifeln, uns selbst niedermachen und nicht das kleinste Licht im Dunkeln erkennen (»Warum immer ich?«). Möglichkeit 2: Wir überlegen, wie wir im Auge des Orkans sinnvoll reagieren können (»Am wichtigsten ist jetzt …«).

Das klingt kompliziert? Das finde ich auch. Wenn etwas aus dem Ruder läuft, möchte ich nicht groß nachdenken, wie ich mir das Problem zielführend zurechtreden kann. Der Satz »Ich komme immer zurecht« nimmt uns diese gedankliche Arbeit ab. Instantmäßig ruft er uns unsere innere Stärke ins Bewusstsein. Probleme wirken plötzlich handhabbarer. Die Angst lässt nach, die Hoffnung wächst und damit auch die Motivation. Sie finden Provisorien, Zwischenlösungen und Alternativpläne. Mit jedem Erfolgserlebnis kehrt Selbstbewusstsein zurück. Mit jedem winzigen Schritt erweitert sich Ihr Repertoire, mit Widrigkeiten klarzukommen. Sie nehmen unangenehme Situationen sportlich und wissen immer besser: Was auch passiert, Sie sind nie vollkommen hilflos. Wenn das Leben nicht in Ordnung ist, hängen Sie sich erst recht rein. Mit allen Ressourcen, die Sie haben. Möglicherweise, sehr wahrscheinlich sogar, lässt sich der Idealzustand nicht wiederherstellen. Vielleicht ist ein Traum für immer geplatzt. Ganz sicher bleibt die Lage auf absehbare Zeit schwierig. Aber bestimmt finden Sie etwas Besseres, als an der Situation zu verzweifeln.

Das Beste aus dem nicht so Tollen zu machen, darauf verstand sich auch Astrid Lindgren, die Frau, die Pippi Langstrumpf erfunden hat. Die berühmteste Kinderbuchheldin der Welt wäre nämlich vielleicht nie erdacht worden, hätte nicht Lindgrens Tochter Karin in einem kalten Stockholmer Winter krank und fiebrig im Bett gelegen. Es war 1941, und außerhalb von Schweden fiel die Welt in Trümmer. »Erzähl mir von Pippi Langstrumpf«, keuchte Karin zwischen zwei Hustenanfällen, und ihre Mutter hatte keine Ahnung, wer diese Pippi war. Also erfand sie ein Mädchen mit karottenroten Zöpfen, mit einem kleinen Affen, der Herr Nilsson heißt, und einem Pferd namens Herr Onkel … Drei Jahre später brachte Astrid Lindgren die Pippi-Geschichten zu Papier, während sie selbst eine Verletzung auskurierte. Es bedurfte einiger Anläufe und einer Umarbeitung, ehe sie einen Verlag für ihr Manuskript fand. Der Rest ist bekannt: *Pippi Langstrumpf* wurde bis heute millionenfach verkauft und in über 75 Sprachen übersetzt. Wie ihre Heldin hat Astrid Lindgren sich von Widrigkeiten nicht unterkriegen lassen: Sie kannte keine Angst und kam immer zurecht. Mit diesem Gedanken im Kopf geht vieles leichter. Ich würde sogar behaupten: alles.

2

ICH HAU SIE MIT FREUNDLICHKEIT UM

Ein heißer Juliabend. Ein bröckelndes Renaissanceschloss Untermalt von den Stimmen tobender Kinder zelebriert ein Jazzquartett Standards und Balladen. Die Stimmung ist so heiter wie im Sommerfilm. Dann entschweben die Saxofontöne, und die Sängerin leitet zum nächsten Song über: »Es gibt immer anstrengende Menschen, Verwandte, Kollegen, denen man nicht ausweichen kann«, sagt sie mit dunkler Stimme ins Mikro. »In solchen Fällen ist es am besten, finde ich, wir hau'n sie mit unserer Freundlichkeit um. Hilft ja nichts.« Sie nickt der Band zu, der Sound setzt ein, und es kommt: »The world can be a nasty place.« Und weiter: »See, we don't have to fall from grace / Put down the weapons you fight with / And kill 'em with kindness.« Die Sängerin Selena Gomez hat den Track geschrieben. Seither hat er sich als moderner Standard etabliert.

Kill them with kindness. Der Gedanke klingt paradox, ist aber nicht neu. Er tauchte schon vor über 400 Jahren bei Shakespeare auf. Allerdings war er mir bis vor Kurzem ein bisschen zu mörderisch. Viel besser gefällt mir die Übersetzung, die ich beim Jazz gehört habe. Schaut man genau hin, erweist sich das Wort »umhauen« nämlich geradezu als Wundertüte der Konfliktlösung. Es bedeutet: 1. zu Fall bringen, 2. die Widerstandskraft beeinträchtigen, 3. verblüffen und 4. begeistern. »Hau sie mit Freundlichkeit um« bietet uns also einen Strauß von Möglichkeiten, Spannungen einzufangen, einzudämmen, aufzulösen. In einer Welt, in der die Werte und Vorstellungen auseinanderdriften, liegt darin ein unschätzbarer Vorteil.

Gestern zum Beispiel. Auf dem Supermarkt-Parkplatz stauen sich die Autos. Der Fahrer hinter mir drängelt, jemand hupt, Einkaufswagen versperren den Weg. Das ganz normale Abendchaos. Links vor mir schiebt sich aus der Parkbucht ein Wagen. Glück gehabt, freue ich mich, lasse den anderen ausscheren, fahre an und sehe, wie aus der Gegenrichtung ein dunkler SUV in den frei gewordenen Parkplatz schießt. Mein Fuß tritt auf die Bremse, meine Hand bewegt sich in Richtung Hupe, auf meinen Lippen formt sich ein Zorneswort, dann bremse ich mich. Will ich dem Vordrängler jetzt wirklich eine Szene machen? Ich atme durch und umrunde den Parkplatz noch einmal. Ein paar Minuten später, der Vorfall ist schon vergessen, reihe ich mich am Fischstand ein. Im gleichen Moment spricht mich jemand von der Seite an. Ich kenne ihn von irgendwoher. Der Leiter des Bauamts, fällt es mir ein. Vor ein paar Jahren hat er mit viel großzügiger Auslegung unsere etwas schwierige Baugenehmigung ermöglicht. Es täte ihm leid, höre ich ihn sagen. Ich verstehe nicht gleich. Dann fallen die Worte

»Auto« … »Parklücke« … »nicht beabsichtigt« …, und ich zähle eins und eins zusammen. Wie gut, dass ich gefasst geblieben bin.

Nicht jeder Kleinkrieg löst sich mit einer Entschuldigung in Wohlgefallen auf. Das wäre wunderbar, doch Freundlichkeit funktioniert auch einseitig. Entgegen landläufiger Vorstellung können wir auch allein einiges tun, um Spannungen zu lösen. Dabei hilft ein Prinzip, das Sie vielleicht noch nicht so auf dem Schirm haben: die Macht der Homöostase oder Konstanterhaltung. Will heißen: Systeme tendieren dazu, einen ausgeglichenen Zustand aufrechtzuerhalten beziehungsweise nach einer Störung wiederherzustellen. Hinter dem Automatismus steht eine Art Selbstregulation, die auch im Umgang mit Menschen zum Tragen kommt. Grundsätzlich streben nämlich Gruppen, von der Familie bis zur Eigentümergemeinschaft, nach Stabilität, um möglichst gut funktionieren zu können. Gerät das Miteinander aus irgendeinem Grund aus der Balance, zum Beispiel, weil jemand sich im Ton vergreift, verhindern kleine Ausgleichreaktionen anderer Beteiligter, dass die Stimmung entgleist. In der Fachsprache heißt das: Die Homoöstase des Beziehungsgeflechts wird wiederhergestellt.

In der Regel genügt dafür ein leichtes, sachtes Gegenlenken. Statt mit harten Bandagen zu kämpfen, lässt man Unstimmigkeiten oder unpassende Kommentare passieren, auch wenn man die Kraft hätte, sich dagegenzustellen. Weder erregt man sich noch unterwirft man sich. Stattdessen macht man weiter, als wäre nichts gewesen. Hinter der verhaltenen Reaktion steht die Absicht, im Gespräch zu bleiben, zumindest aber den Konflikt kleinzuhalten. Schließlich sieht man sich meist öfter im Leben, und Streit und Uneinigkeit haben noch selten zu etwas Gutem geführt. Auch unserem Wohlbefinden tun wir den größten Gefallen, wenn wir nicht auf jede Provokation eingehen: Freundlichkeit lässt nachweislich den Blutdruck sinken und flutet uns mit Glückshormonen wie Oxytocin und Serotonin. Menschen, die beim kleinsten Anlass explodieren, erhöhen dagegen ihr Infarktrisiko und schwächen ihr Immunsystem. Trotzdem ist die Neigung nicht totzukriegen, bei Widerständen reflexhaft die Ellenbogen auszufahren.

»Es ist so viel einfacher, gemein zu reagieren«, sagt Selena Gomez, die die Botschaft »Kill 'em with Kindness« in die Welt trägt, und spricht aus, was wir alle kennen. »Es ist so einfach, den eigenen Gefühlen nachzugeben, und so schwer, aus der Situation rauszugehen und die größere Person zu sein.« Der Wunsch, Stärke zu zeigen und sich zu wehren, ist menschlich. Die Angst, den Kürzeren zu ziehen, auch. Deshalb klingt der Vorsatz, unter allen Umständen die Haltung zu wahren, vor allem theoretisch gut.

Wenn der Kunde ausrastet, die Chefin das Wort Anerkennung nicht kennt oder die Freunde fröhlich das beste Zimmer im gemeinsamen Ferienhaus beziehen, ist freundliche Gelassenheit nicht das Erste, wonach uns der Sinn steht. Niemand lässt sich gern kränken oder missachten. Wer kann, demonstriert lieber Macht statt Milde. Wer keinen Streit will oder sich eine Auseinandersetzung nicht leisten kann, zieht sich zurück. Weder das eine noch das andere bewirkt etwas Gutes. Angriffslust verstärkt den Durchsetzungsdrang der Gegenseite und schaukelt den Konflikt hoch. Passivität überlässt Angreifenden das Feld, und macht schon allein deswegen nicht glücklich. Bleibt als dritte Reaktion passive Aggressivität: Man zeigt sich nach außen verständnisvoll, während man hintenrum lästert, mauert oder sabotiert. Wer so handelt, bleibt in Deckung und verschafft sich trotzdem Genugtuung. Das entlastet zwar, passt bei Ihnen aber vermutlich so wenig ins Selbstbild wie bei mir.

Wie wir es also drehen und wenden, egal ob wir Konflikte aggressiv, passiv oder passiv-aggressiv angehen, irgendein Haken bleibt immer. Schon allein deshalb lohnt es sich, »Ich krieg sie mit Freundlichkeit rum« oder wie immer Sie es für sich formulieren, in den inneren Monolog aufzunehmen. Ich kann Ihnen zwar nicht versprechen, dass Friedlichkeit unverschämte Gegenspieler schachmatt setzt. Niemand kann das. Die kanadischen Organisationspsychologinnen Kirsten Robertson und Jane O'Reilly haben aber in einer Managementstudie herausgefunden: Freundlich-bestimmte Reaktionen zeigen mehr Wirkung als alle impulsiven Streittaktiken zusammen. In der Mehrzahl der Fälle deeskalieren sie die Situation und senken die Unhöflichkeit in der Interaktion.[3] Nettsein kann also direkt entwaffnen. Ich finde, das ist eine Ansage, über die es sich lohnt nachzudenken.

Doch es kommt noch besser: Um unter Feuer ruhig zu bleiben, brauchen Sie kein großes Redetalent. Emotional auf eine höhere Ebene zu steigen, erweist sich gerade dann als Option, wenn Ihnen ein Angriff mal kurz die Sprache verschlägt. »Hau sie mit Freundlichkeit um« lebt ja gerade nicht von schlagfertiger Rhetorik, sondern von elementaren Umgangsformen: einen deplatzierten Einwand überhören, ein ungutes Wort verhallen lassen, ein unangemessenes Verhalten überspielen, höflich bleiben. Mehr braucht es nicht, um unangenehme Mitmenschen respektvoll und sehr souverän in die Schranken zu Weisen. »When they go low, we go high«, hat Michelle Obama gesagt. Frei übersetzt: Wenn andere sich danebenbenehmen, reagieren wir mit Stil und Anstand.

Diese Freiheit kann Ihnen niemand nehmen. Niemand zwingt Sie, dass Sie Fehlverhalten und Fiesheiten Ihre Aufmerksamkeit schenken. Sie bestimmen, was Sie triggert. Was kein Echo findet, verpufft ins Leere. Wenn Sie wollen, thematisieren Sie ohne Unterton und Bewertung das Offensichtliche: »Mein Vorschlag irritiert Sie« oder »Du hast es eilig«. Noch einfacher blicken Sie erstaunt, lächeln zerstreut und machen weiter im Text. So, als wäre überhaupt nichts gewesen.

Viele Angreifer sind überwältigt, wenn sie kein Echo finden. Sie rechnen mit allem Möglichen. Nur nicht mit nichts. Keine Angst, kein Widerspruch, kein Einknicken, kein Ausrasten, keine Verteidigung, nicht einmal ein »Ich verbitte mir diesen Ton«. Die Verblüffung darüber will erst mal verarbeitet sein. Inzwischen können Sie in Ruhe überlegen, ob der Vorfall ein Nachspiel braucht. Und, wenn ja, wie Sie notwendige Wahrheiten mit einem Lächeln servieren und Grenzen in gesichtswahrende Worte kleiden. Idealerweise übergehen Sie die Entgleisung und formulieren stattdessen Ihre Vorstellung von einem freundlichen Miteinander: »Ich möchte das gern sachlich klären.«

Vielleicht lassen Sie Ihren Ärger aber auch abperlen und den Vorfall auf sich beruhen. Bei nächster Gelegenheit trinken Sie mit der anstrengenden Kollegin oder dem unkooperativen Teenager einen Kaffee oder Kakao, reden miteinander, tauschen sich aus, hören zu und geben zu erkennen, wie wichtig es Ihnen ist, dass die Bedürfnisse aller Beteiligten gesehen werden. Nehmen Sie sich Zeit, einen Draht zueinander zu finden, ohne ein bestimmtes Ergebnis zu verfolgen.

Und das klappt? Einen Versuch ist es wert, und das Risiko, das Sie dabei eingehen, eher klein. Die meisten Menschen sind keine wild gewordenen Trolls, auch wenn sie sich manchmal so benehmen. Sie lassen sich mit Freundlichkeit gewinnen und von guten Vorbildern beeinflussen. Vielleicht wollen sie nur sicherstellen, dass sie nicht zu kurz kommen. Vielleicht bedauern sie die eigene Schroffheit im Nachhinein und kommen von allein zur Einsicht. Beziehungen vor überkochenden Emotionen zu schützen, ist kein normierter Prozess, sondern ein Weg der Versuche und Irrtümer. Was funktioniert, was ist zu viel, was zu wenig, mit dieser Person, in dieser Sache, in dieser Situation?

Von allen Varianten des Streitverhaltens stresst und schädigt es am wenigsten, wenn zumindest ein Streitpartner überbordende Gefühle im Zaum hält. Im Zweifelsfall übernimmt diese Verantwortung die Klügere oder der Kühlere. Denn der Mensch, der, warum auch immer, auf Krawall gebürstet ist, ist dazu nicht in der Lage. Jedenfalls nicht in diesem Moment.

»Ich hau sie mit Freundlichkeit um« bereitet Verständigung den Boden, ist aber keine leichte Leistung. Denn natürlich gehen Angriffe und Zurücksetzungen auch grundsätzlich wohlmeinenden Menschen an die Nieren. Dagegen hilft das Wissen: Physiologisch betrachtet hat erhöhte Erregung eine begrenzte Lebensdauer. Nach 90 Sekunden, das hat die Gehirnforscherin Jill B. Taylor herausgefunden, klingt der Spuk ab, und unser Gehirn wendet sich neuen Informationen zu.[4] Anders sähe es aus, wenn Sie sich in dieser Zeit in Ihre Gefühle hineinsteigern würden. In diesem Fall gäbe es tatsächlich kein Halten mehr. Sie würden die Ausfahrt verpassen, die Kontrolle verlieren, und die Empörung würde die Oberhand gewinnen.

Wenn sich also das nächste Mal ein emotionaler Shitstorm in Ihnen zusammenbraut, können Sie versuchen, ihn auszusitzen. Sagen Sie sich »Kill them with kindness« oder die Variante des Satzes, in der Sie sich am besten wiederfinden. Danach denken und tun Sie erst einmal: nichts. Konzentrieren Sie sich auf Ihren Atem, beobachten Sie sich wie eine interessante Spezies, nehmen Sie wahr, wie die Erregung zunächst an- und dann wieder abschwillt. Sobald der Stress abflaut, retten Sie die Situation, wie es Ihre Art ist: erwachsen, sachlich, beherrscht. Sollte Ihre Freundlichkeit die anderen ein bisschen verwirrt zurücklassen, umso besser.

In der Regel ist kultivierte Freundlichkeit eine Botschaft, die verstanden wird. Sie zeugt von Anstand und mentaler Stärke. Gegen diese Haltung kommt so leicht niemand an. Oder wie Charles Dickens sagte: »Du bist zu anderen nicht freundlich, weil sie Gentlemen sind. Du bist freundlich, weil du einer bist.« Das Gleiche gilt natürlich auch für Gentlewomen. Vernünftige Menschen bleiben aus Überzeugung freundlich. Einfach weil die Einstellung »Ich hau sie mit Freundlichkeit um« für alle das Beste ist.

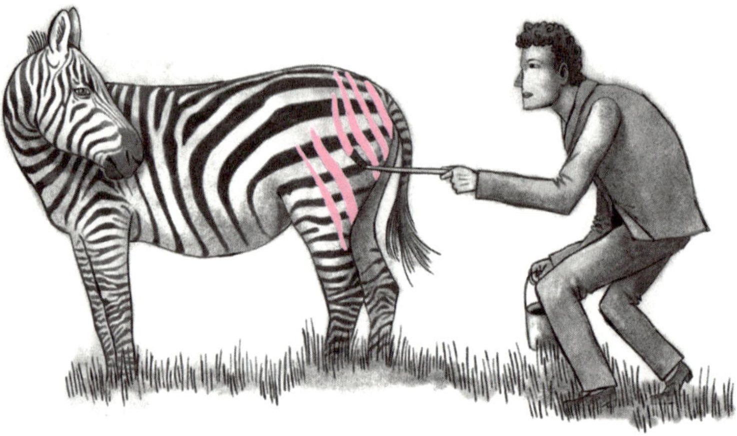

3

NICHT MEIN ZOO, NICHT MEINE ZEBRAS

Am schlimmsten ist es, wenn es ums Bauen und Renovieren geht. Auf einen Schlag verstehen sich gefühlt alle als Handwerksexperten, Interior-Designerinnen, Finanzspezialisten. »Habt ihr euch das auch gut überlegt?«, fragt der Schwiegervater. »Euch an ein Haus binden, echt jetzt? Und wenn euch der Job woanders hinführt?«, will die Spielplatzbekannte wissen und stößt mitten ins Herz der eigenen Zweifel. »Den Banditen habt ihr beauftragt? Hättet ihr mich bloß gefragt, ich kenne die doch alle«, orakelt ein Vereinsfreund. »Einen Betonboden im Wohnzimmer? Wird dir das nicht zu kühl?«, gibt die beste Freundin zu bedenken. Und selbst Omi kann es nicht lassen: »Schau mal die Lederstühle, Lisalein. Die wären für euren Esstisch das Richtige.«

Kennen Sie das? Kaum richtet man sich neu ein, entscheidet sich für ein Studienfach, kriegt ein Kind, erwägt einen Jobwechsel, trennt sich, verändert die Frisur oder hat eine unspezifische Diagnose, hagelt es Ratschläge, Vorschläge und versteckte Kritik. Meistens kommen die Kommentare gut getarnt als konstruktiver Beistand oder ehrliche Sorge daher. Und bestimmt, ganz bestimmt, sind sie gut gemeint. Trotzdem. Je nach Selbstbewusstsein und innerem Befinden fühlen wir uns von unerbetenen Meinungen verunsichert, entmutigt, auf jeden Fall aber kosten sie Nerven.

»Selbst würde ich nie so zu allem meinen Senf dazugeben«, entrüstet sich Milena, die gerade eine sehr schöne, sehr renovierungsbedürftige Altbauwohnung gekauft hat und sich seither vor guten Ratschlägen nicht retten kann. Bei einer ausgesprochen steifen Firmenfeier mit externen Gästen sind wir die einzigen am Tisch, die sich angeregt unterhalten. »In Polen sagen wir dazu ›nie twój cyrk, nie twoje małpy‹.« Ich verstehe kein Wort und schaue sie fragend an. »Nicht dein Zirkus, nicht deine Affen«, übersetzt sie. »Am liebsten würde ich das den ganzen Einmischern mal vorhalten. Aber das traue ich mich nicht.«

»Dann formuliere es halt charmanter«, mischt sich jemand von links ins Gespräch. »In Kanada heißt das Gleiche übrigens ›Not your pigs, not your farm.‹«

In mir arbeitet es. Den Spruch merke ich mir. In jeder seiner Varianten hält er Besserwisser auf Abstand und verhindert, dass man selbst einer wird. »Wie wäre es mit etwas wie ›Nicht dein Zoo, nicht deine Zebras‹?«, versuche ich es. In Alliterationen zu denken, ist bei mir eine Berufskrankheit. Wenn dabei auch noch das Sympathieträgertier herauskommt, dem die Trennlinien gleich ins Fell gezeichnet sind, umso besser.

»Ich kenne es als ›Not your rodeo, not your horse‹«, fällt mir mein Tischnachbar ins Wort, und wir prosten uns mit dem Weinglas zu.

Auf einmal reden und lachen alle am Tisch. Milena hat mit »nie twój cyrk, nie twoje małpy« den Abend gerettet.

Acht Menschen, die sich vorher kaum kannten, tauschen sich über eine allgemein menschliche Unart aus und genießen ihr Zusammensein.

In einem Punkt bin ich mir sicher: Die wichtigsten Gespräche sind die, die wir mit uns selbst führen. Denn der Mensch, dem wir am leichtesten den Kopf zurechtrücken, ist der, dem wir jeden Tag die Zähne putzen. Alle anderen sind unseren Worten weit weniger zugänglich. Deshalb spielt es keine Rolle, für welche Version von Milenas Spruch Sie sich entscheiden. Nehmen Sie einfach die, die Ihnen am besten gefällt. Oder denken Sie sich just for fun selbst eine aus. Wie alle Sätze in diesem Buch ist nämlich auch dieser in erster Linie fürs Selbstgespräch gedacht. Untrüglich verschafft er Ihnen Klarheit, ob Sie sich von jemandem noch unterstützt oder schon gegängelt fühlen. Umgekehrt dient er als Fingerzeig, wenn Sie selbst gerade zu viel Anteil an Dingen nehmen, die Sie nichts angehen.

So oder so richten Ratschläge und Einmischungen selten etwas Gutes an. Meistens bewirken sie nichts außer Ärger, Verunsicherung oder sogar Hilflosigkeit. »Dir helfe ich gleich«, hieß früher so ein Erwachsenenspruch, in dem mitschwang: Hilfestellungen können versteckte Zurechtweisungen sein. Man erhält Hilfe, weil man es allein nicht kann, man wird belehrt, weil man es selbst nicht weiß. Kein Wunder also, dass niemand sich gern unterstützen und beraten lässt, ohne ausdrücklich darum gebeten zu haben. Eigentlich sollten wir das alle zusammen aus leidvoller Erfahrung wissen.

Ein typisches Beispiel: Ich spiele eher mittel als prächtig Golf und manchmal nicht einmal das. Bei solchen Runden bleiben nicht nur die Schläge zu kurz. Zu allem Überfluss mischen sich noch Mitspielende, die einen besseren Tag haben, mit Techniktipps in mein Spiel. Was soll ich sagen? Nicht ein einziges Mal hat sich mein Schwung dank solcher Ratschläge verbessert. Im Gegenteil. Meistens irritieren mich die Erklärungen so sehr, dass es danach schlechter läuft als zuvor. Statt zu meinem Spiel zurückzufinden, schlage ich mich mit widersprechenden Informationen im Gehirn herum, sogenannten externen Interferenzen, die die Reproduktion von gelernten Inhalten stören. Bei motorischen Abläufen wirken solche Einflüsse besonders hemmend. Auch aus diesem Grund verbietet die Golfetikette Belehrungen auf dem Platz, und manchmal wünschte ich, auf anderen Schauplätzen würde das Gleiche gelten.

In der Regel haben Menschen für ihr Handeln gute Gründe. Was Außenstehenden unsinnig erscheint, kann für einen selbst sehr sinnvoll sein. Jeder und jede arbeitet mit dem, was er oder sie hat. In die Entscheidungen, die wir treffen, preisen wir unser Können ein, unsere Werte, unsere Lebensweise, unsere Interessen, unseren Geldbeutel, unsere Kräfte. Wer uns dabei ungefragt dreinredet, lenkt uns davon ab, diesen Bedürfnissen gerecht zu werden. Das wiegt besonders schwer, wenn wir gerade nicht in Form sind oder noch nicht genau wissen, was wir selbst wollen (was übrigens ein Fall für Satz 24 sein könnte: »Es steht auf meiner Liste«). Obendrein vermiesen uns Belehrungen die Freude, an unseren Erfahrungen zu wachsen und unser Leben zu gestalten, wie wir wollen. Das Recht dazu hat niemand. Aber viele nehmen es sich heraus. Warum eigentlich?

Die naheliegendste Erklärung heißt Selbstaufwertung. Menschen, die sich in fremde Angelegenheiten einmischen, spielen sich zur Autorität auf. Sie maßen sich die Direktorenrolle in einem Zoo an, der nicht ihrer ist. Möglicherweise sind sie nicht einmal als Beraterin oder Berater dort angeheuert, und ob sie sich mit Zebras auskennen, bleibt abzuwarten. Eigentlich würde man ihre Meinungsäußerungen gern kurzerhand unterbrechen: Stopp. Nicht dein Zoo, nicht deine Zebras. Nicht dein Zirkus, nicht deine Affen. Oder auch: nicht dein Theater, nicht dein Stück. Doch so einfach geht das nicht. Denn wenn andere ungebeten ihr Wissen, ihre Ideen und ihre Korrekturen beisteuern, steckt selten eine bösartige Absicht dahinter. Oft sind sogar Liebe oder echtes Interesse im Spiel.

Helikoptereltern, mitredende Partnerinnen und Partner, Freundinnen und Freunde oder sich hilfreich einmischende Kollegen meinen es oft wirklich gut mit uns. Sie wollen, dass wir bestmögliche Ergebnisse erzielen beziehungsweise das, was sie dafür halten. Tatsächlich haben wir von manchen ihrer Anregungen auch schon profitiert. An die Nieren geht die Einmischerei trotzdem.

Da hat man, wie neulich Paul, seinen ersten Beitrag für den Unternehmensblog geschrieben und ist richtig glücklich damit. Nur noch mal kurz die Kollegin drüberlesen lassen und dann ab auf die Webseite. So hat es sich Paul gedacht. Eine Stunde später hat er den Text zurück und stellt fest: Nicole hat den Beitrag gleich noch stilistisch auf Zack gebracht. Sie macht das gut, keine Frage, wenngleich SEO nicht ihre Stärke ist. Doch will man das? Steht ihr das zu? Ist das wirklich ihr Zoo, ihre Show, ihr Bereich?

Ganz klar: nein. Mag sein, dass sie dreimal so viel Erfahrung hat wie Paul mit seinem »halben« Bachelor. Doch hier geht sie zu weit. Trotzdem möchte man kein großes Theater veranstalten.

Vielleicht braucht es das auch nicht. Abwehr mag zwar naheliegen, wenn jemand in Ihr Ressort eingreift. Viel wirkungsvoller ist es aber, wenn Sie die Bevormundung überhaupt nicht an sich ranlassen. Diese Haltung merkt man Ihnen augenblicklich an. Vielleicht genügt deshalb ein kleiner, leiser Wink, wenn Sie das Gefühl haben, plötzlich führt jemand gegen Ihren Willen in Ihrem Leben Regie. Je nach Situation passt etwas Nichtssagendes wie »Danke für die Anregung« oder ein »Nicht für jeden Menschen«-Satz wie: »Ein Estrichboden ist bestimmt nicht für jeden richtig.« Oder eben auch, je nachdem, wie gut man sich kennt: »Hey, nicht dein Zoo, nicht deine Zebras.«

So unterschiedlich die Stoppsignale klingen, sie haben eines gemeinsam: Statt Ratschläge abzuschmettern, lassen Sie sie einfach versanden. Danach erledigt sich der Rest oft von allein. Mit einiger Sicherheit besitzen auch Klugredner und Alleskönnerinnen einen Sinn für Zwischentöne und stecken zurück. Sollte dabei ein kleiner beleidigter Ton mitschwingen, gehen Sie darüber nachsichtig hinweg. Denn Hand aufs Herz: Es ist gar nicht so leicht, die Lust am Mitmischen und Dreinreden zu beherrschen. Passiert uns ja selbst gelegentlich auch.

Oder haben Sie noch nie anderen Ihr Wissen über gesunde Ernährung zuteilwerden lassen? Der Partnerin nahegelegt, sie lasse sich von ihrer Teamleiterin zu viel gefallen? Für Ihr Kind eine Hausaufgabe erledigt? Den Großeltern eine Nahrungsergänzung in die Hand gedrückt, auf die Sie schwören? Die Meinung geäußert, E-Bike-Fahren sei kein Sport? Für Ihre erwachsene Tochter Kontakte aktiviert, obwohl sie höchstens teilweise damit einverstanden war? Und wie oft sagen Sie einen Satz wie »Ich an deiner Stelle würde ja …« oder »Wenn du mich fragst …«?

Wann immer wir am Leben anderer intensiv Anteil nehmen, sind wir gefährlich nah dran, ihnen ins Steuer zu greifen. Vielleicht machen wir ihnen sogar die Führungsrolle in ihrem Leben streitig. Dass man das alles in bester Absicht tut, mag sein. Aber seien wir ehrlich: Der Wunsch, die eigenen Vorstellungen zu platzieren, spielt auch eine Rolle. Tief drinnen wollen wir erreichen, dass alles nach unseren Wünschen geht. Auch das, was überhaupt nicht in unsere Domäne fällt.

»Was wir Menschen abnehmen, nehmen wir ihnen möglicherweise weg«, habe ich kürzlich gelesen. Der Gedanke spricht eine Wahrheit aus, die wir ungern wahrhaben wollen: Wenn wir für andere denken und handeln, dringen wir in deren Hoheitsgebiet ein. Wir verkleinern ihre Spielräume, beschneiden ihre Freiheit und erwarten dafür auch noch demütige Dankbarkeit. Dabei übersehen wir: Jeder Mensch hat nur ein Leben zu leben. Schon deshalb steht allen das Recht zu, frei zu entscheiden, was sie beruflich machen, mit wem sie zusammenleben, wie sie ihr Kind erziehen, was sie essen, wem sie vertrauen oder wie sie ihr Geld investieren.

Als Grundregel gilt deshalb: Finger weg von Belangen, die nicht die eigenen sind. »Nicht mein Zoo, nicht meine

Zebras« ist dafür ein Code. Wenn Sie ihn in Ihr Repertoire aufnehmen, erinnert er Sie leise stupsend daran: Sie sind hier nicht die Zoodirektion. Sie haben hier nichts zu optimieren, keine Gehege zu misten und kein Tier zu füttern. Sie spielen hier keine Rolle, tragen keine Verantwortung, und wissen Sie was? Diese Freiheit kann wunderbar entlastend sein. Nicht mein Zoo, nicht meine Zebras, einfach nur lockerlassen, schauen, staunen und anerkennen: Die Zuständigen machen das auf ihre Art richtig gut.

Natürlich gibt es Ausnahmen. Natürlich geht es uns etwas an, wenn ein Verhalten uns mitbetrifft, wenn Not am Mann ist, jemandem Unrecht geschieht oder unser Rat und unsere Mithilfe gefragt sind. Wo sich eigene und fremde Belange mischen, in Partnerschaften, Lebensgemeinschaften und Schicksalsverbindungen, wenn ein Keller unter Wasser steht oder ein Mitmensch in Gefahr ist, kann es nicht nur helfen, es ist angezeigt, sich abzustimmen und mit anzupacken. Auch bei grundlegenden Themen wie Integrität, Gesundheit, Finanzen oder Nachhaltigkeit ist Hinschauen und Nachhaken erlaubt. Ganz gut klappt es meistens, wenn Sie andere anregen, ihr Problem selbst zu lösen: »Hast du mal an … als Alternative gedacht?«

»Wenn jemand einen Regenschirm über dich hält, kannst du nicht in den Himmel blicken.« Diese schöne Metapher hat der US-amerikanische Schriftsteller Jerzy Kosiński geprägt. Sie drückt aus: Auch gut gemeinte Einmischung kann Menschen hindern, eigene Wege zu gehen und ihrem persönlichen Stern zu folgen. Einmischen oder nicht einmischen ist deshalb nur ausnahmsweise eine Frage. Beim Eigentum ziehen wir selbstverständlich Grenzen zwischen Mein und Dein. Die gleiche Unterscheidung zwischen »Meine Sache« und »Deine Sache« empfiehlt sich auch in allen anderen persönlichen Angelegenheiten. Nur wenn jemand sich Beratung oder Hilfe ausdrücklich wünscht, ist Mitmischen gefragt. Feingespür bleibt aber auch dann ein Muss. Denn Sie wissen ja: Zebras sind immer auf Streife. Niemand konnte sie bisher domestizieren.

4

KÜSS DEN FROSCH GLEICH NACH DEM FRÜHSTÜCK

Die Entscheidung für das passende Studienfach. Die herausfordernde Pitch-Präsentation. Die Steuererklärung. Die Kalkränder am Duschkopf. Die Jogging-Runde. Die Rentenplanung. Der Vorsorgetermin. Für eine wichtige Prüfung lernen. Endlich mal Kafka lesen. Die letzten Dinge regeln. Manche Notwendigkeiten, Aufgaben und Vorhaben ziehen uns so wenig an wie die Vorstellung, einen Frosch zu küssen. Also verschieben wir es auf morgen. Oder nächste Woche. Oder vielleicht sogar auf ewig. Leider gewinnt die Herausforderung davon selten an Reiz. Im Gegenteil. Die Zeit rennt davon, die Umwelt verliert das Verständnis, der beste Moment ist schon verpasst.

Immerhin. Wer prokrastiniert (lat. procrastinare = vertagen), ist damit nicht allein. Eine Studie des Sinus-Instituts zum Aufschiebeverhalten der Deutschen zeigt: Acht von zehn Deutschen schieben ungeliebte Aufgaben gelegentlich auf die lange Bank und handeln sich damit berufliche, gesundheitliche und finanzielle Nachteile ein.[5] Vor allem Menschen, die ohne klare Strukturen und mit wenig Feedback und Kontrolle arbeiten, sind betroffen: Studierende, Freiberufler, Handwerker, Kreative. Auch die Selbstbestimmung im Homeoffice leistet der Prokrastination Vorschub.

Dabei machen sich Prokrastiniererinnen und Prokrastinierer selten einen faulen Lenz. Sie chillen auch nicht in der Hängematte. Im Gegenteil: Oft stellen sie sogar besonders hohe Ansprüche an sich. Sie scheitern nur daran, sich hinzusetzen und anzufangen. Wenn eine Aufgabe sie schreckt, flüchten sie sich in Alternativbeschäftigungen: aufräumen, sortieren, recherchieren. Das erleichtert, wenn auch nur kurz. Denn unerledigte Aufgaben lösen sich nicht in Luft auf. Sie bleiben als Denkarbeit im Hinterkopf. Forschende an der Universitätsmedizin Mainz haben in einer Repräsentativerhebung festgestellt: Menschen, die Wichtiges vertagen, belastet ein permanent schlechtes Gewissen. Das heißt nicht, dass sie keine genialen Ideen hätten.

Es erhebt sich direkt über einem Wasserfall, gilt als das schönste Privathaus in den USA und trägt einen Namen, den jeder Architekturfan kennt: Fallingwater. Entworfen wurde das Sommerhaus von dem US-amerikanischen Stararchitekten Frank Lloyd Wright. 1934 erhielt er den Auftrag, in der Wildnis von Pennsylvania ein Wochenenddomizil für einen Pittsburgher Warenhausbesitzer zu errichten. Wright sah sich die Gegend an, den stürzenden Bach, die Bäume, die Felsen, das Licht, war beeindruckt von der spektakulären Natur und schob das Projekt vor sich her. Ein Jahr verstrich. Dann, an einem Sonntagmorgen, klingelte bei Wright das Telefon. Der viel beschäftigte

Bauherr kündigte unvermittelt seinen Besuch an. Er freue sich riesig auf die Entwürfe und wolle noch am gleichen Tag vorbeischauen … Wright beendete sein Frühstück und erdachte innerhalb von Stunden ein Haus direkt über dem Wasserfall. Der Bauherr war von den Skizzen begeistert. Vier Jahre später zog er mit seiner Familie in das terrassierte Haus mit den gestaffelten Ebenen ein. 1964 wurde Fallingwater zum Museum und gilt bis heute als einer der größten Triumphe der amerikanischen Architektur.

Auf den ersten Blick gibt die Geschichte von Fallingwater allen recht, die glauben, unter Druck die besten Ideen zu haben. Tatsächlich ist an dieser Überzeugung viel dran. Egal, wie viel Zeit wir vertändeln, rückt die Deadline näher, läuft unser Körper zu Hochform auf. Das Gehirn aktiviert eine Alarmreaktion. Befeuert von einem Cocktail aus Adrenalin, Noradrenalin und Cortisol erfahren wir genau den Schwung, der vorher auf sich warten ließ. Die Konzentration ballt sich. Ungewöhnliche Verknüpfungen stellen sich ein. Für Denkblockaden und Selbstkritik bleibt keine Zeit. In kürzester Zeit gelingen kreative Höhenflüge, wie im Rausch schafft man weg, was vorher liegen blieb. Auf den letzten Drücker gelingt schier Unmögliches. Die Sache hat nur einen Haken: Unter Hochdruck bleiben wir hinter unseren Möglichkeiten zurück. Mehr als »quick & dirty« ist aus Zeitgründen nicht drin. Auch wenn es auf den ersten Blick anders wirkt.

So erging es auch Frank Lloyd Wright. Architektonisch ersann er mit Fallingwater ein Meisterwerk. Doch der unverwüstliche Charakter des Bauwerks trügt. Das Haus über dem Wasserfall war und bleibt ein Sanierungsfall. Weil Wright die Statik falsch berechnet hatte, bröckelt seit dem Tag der Errichtung der Beton. Nur dem Bauunternehmer ist es zu verdanken, dass das vom Wasser umspülte Haus überhaupt steht. Zur Empörung des Architekten verdoppelte er eigenmächtig die berechnete Stahlmenge für den Beton. Doch auch die zusätzliche Bewehrung macht das Haus nicht annähernd stabil. Dazu hätte es zehnmal so viel Stahl gebraucht. Bis heute muss Fallingwater deshalb jedes Jahr für mehrere Wochen geschlossen und aufwendig saniert werden.

Prokrastination hat also zwei Seiten. Einerseits schadet Aufschieben unserer Produktivität. Wer nicht in die Gänge kommt, hat gegen Ende weniger Ressourcen. Notgedrungen bleiben die Genauigkeit, die Qualitätskontrolle, das Finetuning auf der Strecke. Andererseits fördert Prokrastination das divergente Denken. Studienteilnehmer zum Beispiel produzieren deutlich kreativere Ideen, wenn sie eine Aufgabe schon kennen, aber nicht augenblicklich in Angriff nehmen. Dafür gibt es einen guten Grund: Beim Scrollen, Tändeln oder Bananenbrotbacken bleibt das Gehirn nicht faul. Es bringt erste halbgare Ideen hervor. Sie sind zwar selten perfekt, aber oft frisch und out of the box. Laut dem Professor für Management und Psychologie Adam Grant gibt Prokrastination uns Zeit, auf nicht lineare Weise zu denken und unerwartete Sprünge zu machen. Grant empfiehlt deshalb, Gedanken ruhig eine Weile köcheln zu lassen.[6] Auf den Sankt-Nimmerleins-Tag sollten Sie Entscheidungen und Projektstarts trotzdem nicht schieben. Denn die Aussicht, den Frosch zu küssen, wird durch Abwarten nicht schöner. Zur Ruhe finden wir erst, wenn wir uns ein Herz fassen und in die Gänge kommen. Erst wenn die Sache läuft, lässt der Stress nach. Langsam gewinnen wir mehr Klarheit, erste Erfolgserlebnisse stellen sich ein, das Licht am Ende des Tunnels wird erkennbar und für Verbesserung und Verfeinerung bleibt auch genug Zeit. »Wer nur begann, der hat schon halb vollendet«, heißt es bei Horaz. Das wissen wir. Diese Erfahrung haben wir oft genug gemacht. Doch was, wenn wir uns trotzdem nicht aufraffen können?

In manchen Fällen ist offensichtlich, warum wir uns Zeit lassen. Wenn die Steuererklärung liegen bleibt und der Kalkrand am Perlator versteinert, steht dahinter meist banale Unlust. Triviale Pflichten passen nicht zu unserem Verständnis von einem guten Leben. Sie halten uns von Sinnvollerem und Lustvollerem ab. Auf Motivation und Inspiration zu warten, bringt deshalb bei Papier- und Alltagskram nichts.

Komplizierter wird es, wenn sich jemand in der Analysephase eines Projekts verliert, statt sich an die Durchführung zu wagen, vier Jahre nach dem Eins-Komma-irgendwas-Abitur am zweiten Studienort das dritte Bachelorfach ausprobiert oder sich vor der Darmspiegelung drückt, weil die richtige endoskopische Praxis erst noch gefunden sein will. Aufschieben wird in solchen Fällen durch einen Zusammenhang begünstigt, der uns oft überhaupt nicht bewusst ist: Unser digitales Leben lädt uns zum Prokrastinieren geradezu ein. YouTube, TikTok und ChatGPT bieten nicht nur reichlich Ablenkung. Sie beeinflussen auch unser Entscheidungsverhalten. Selbst wenn es nur um Kleinigkeiten geht, fällt es uns so schwer wie nie, ins Handeln zu kommen. Hat man sich früher in einer fremden Stadt einfach ins nächstbeste nette Café gesetzt, verbringt man heute viel Zeit damit, die angeblich schönsten Adressen im Internet zu recherchieren. Gleiches passiert, wenn es um die richtige Altersvorsorge, die Arztwahl oder die Partnersuche geht. Oder, wie bei mir in diesen Tagen, um die passende Yogafolge. Statt mich zu bewegen, suche ich immer noch nach der für mich optimalen Sequenz. In solchen Fällen verkommt Entscheidungssorgfalt zu Entscheidungsschwäche.

Vernetzung, Informationsflut, unendliche Optionen und ein kaum zu überblickendes Angebot an Medien, Büchern, Filmen, Serien, Podcasts, Reels verändern das persönliche Handeln. Mehr und mehr werden wir alle ein bisschen Prokrastinierer. Statt uns dem Leben entgegenzuwerfen, halten wir die Dinge in der Schwebe. Um nur ja nichts zu verpassen, fangen wir viele Vorhaben nur halbherzig oder spät an. Aus Unlust, Unsicherheit oder der Angst, uns festzulegen, verlieren wir uns in Nebensachen. Oder wie mal jemand gepostet hat: Warum direkt beginnen, wenn man auch noch eine Stunde im Internet surfen kann? Einstweilen bleiben die To-do-Listen unverändert lang und große, lebensverändernde Entscheidungen offen.

Zum Glück ist Prokrastination normalerweise keine Diagnose. Sie ist ein erlerntes Vermeidungsverhalten. Deshalb können wir Anfälle von Vor-sich-Herschieben relativ leicht durch bessere Gewohnheiten ersetzen. Nehmen Sie die Strategie »Shortest job first«. Auf den ersten Blick erscheint es vernünftig, Kleinkram oder bereits Begonnenes vom Tisch zu schaffen, ehe man sich den Respekt einflößenden oder besonders unangenehmen Aufgaben zuwendet. Einen Haken hat die Gewohnheit trotzdem. Sie gaukelt uns Produktivität vor – und zwar ausgerechnet zur besten Arbeitszeit. Kaum sind ein paar erste Anforderungen des Tages erledigt, beschleicht einen das Gefühl, eine Belohnung verdient zu haben. So gepolt fällt es doppelt schwer, als Nächstes die ekligste Kröte von allen zu schlucken. Obgleich man natürlich ahnt, dass sie sich nicht von selbst vom Acker machen wird.

Ich habe aus diesem Grund jetzt meine Morgenroutine verändert. Statt mit Easy-Peasy-Mini-Tasks sanft in den Arbeitstag hineinzugleiten, küsse ich den Frosch direkt nach dem ersten Kaffee. Das heißt: Ich beginne den Arbeitstag mit der Aufgabe, die mich besonders fordert. Das kann ein unbequemer Anruf sein oder eine Absage, die diplomatisch formuliert sein will. An der Mehrzahl der Tage ist es das Projekt, das mir am meisten am Herzen, aber wegen seines Anspruchs im Magen liegt.

Gedacht, getan und nicht lang herumgetan – und siehe da: Der neue Glaubenssatz wirkt. Natürlich putze ich immer noch zwischendurch die Tastatur, brauche dringend ein Glas Wasser oder eine Info aus dem Netz oder schaue noch mal über die Ergebnisse vom Vortag drüber. Doch nach fünf Minuten setze ich dem Spuk ein Ende. Danach bekommt der Frosch seinen Nasenkuss. Am besten blitzschnell. Das geht viel leichter, als die Kröte zu schlucken, womöglich noch lebendig, wie Mark Twain es ursprünglich empfohlen hat: »Eat a live frog first thing in the morning.« Im Vergleich zu dieser Vorstellung ist ein kurzer

Kuss ein Kinderspiel. Und wer weiß, vielleicht verwandelt sich der Frosch ja tatsächlich in etwas ganz Wunderbares, wenn wir ihm nur endlich die verlangte Beachtung schenken …

Auf jeden Fall verliert das, was wir knuddeln, seinen Schrecken. Berührungsängste legen sich erstaunlich schnell, wenn wir die erste Ablehnung überwinden. »Jedem Anfang wohnt ein Zauber inne«, heißt es bei Hermann Hesse. Haben wir den beklemmenden Anfangsmoment hinter uns gebracht, rücken sich die Dinge neu zurecht. Erste Erfolge stellen sich ein, das Interesse wächst, Land kommt in Sicht.

Klar bleiben Kröten Kröten. Doch wer damit umzugehen weiß, lebt leichter. Es ist wie so oft im Leben: Wir können uns nicht immer aussuchen, was auf uns zukommt. Vieles, was an sich spannend ist, beinhaltet auch unschöne Anteile. Zum Glück liegt es an uns, wie wir darauf reagieren. »Küss den Frosch gleich nach dem Frühstück« hilft im Handumdrehen, ungeliebte Tätigkeiten anzupacken. Womöglich freunden wir uns, Wunder gibt es immer wieder, sogar mit ihnen an. Wir müssen uns nur kurz zu dieser einen, erlösenden Tat überwinden: anfangen. Alles andere ergibt sich daraus fast von selbst: dranbleiben, tiefer graben, Fehler finden. Und wenn alles gut geht, folgt zum Schluss die Krönung: fertig sein, Erfolge feiern!

5

DARÜBER DENKE ICH NICHT EINMAL NACH

Der Satz begegnet mir neuerdings öfter. »Für mich bitte einen Espresso«, sagt eine Kollegin und reicht die Dessertkarte unbesehen zurück. »Über etwas anderes denke ich nicht einmal nach.« Den gleichen Satz höre ich von meiner Nachbarin, deren Beete so unvergleichlich gepflegter sind als meine. »Vieles erledige ich im Vorbeigehen«, sagt sie und zupft ein paar gelb werdende Blätter von ihren Rosen. »Das geht ganz automatisch, darüber denke ich überhaupt nicht nach.« Sogar der Mann, mit dem ich verheiratet bin, führt den Satz neuerdings im Mund. Seit einiger Zeit gehören 30 Liegestützen und dreierlei verschiedene Planks zu seinem Abendritual. »Darüber denke ich nicht nach. Ich ziehe es einfach durch.« Inzwischen schleicht sich der Satz auch in meinen Sprachgebrauch ein. »Denk gar nicht darüber nach«, warne ich meinen Kater. Ich kenne den Blick. So sieht er aus, wenn er vorhat, seinen Lieblingsstuhl quer über den Esstisch anzusteuern.

Gewohnheiten sind wie vorgezogene Spuren im Schnee. Wenn sie gut gewählt sind, erleichtern sie den Weg. Wenn sie schlecht sind, führen sie uns in den Abgrund, ohne dass wir es überhaupt merken. Ich finde, über beides sollten wir unbedingt nachdenken.

Ohne zwei Gläser Wein kommt man abends nicht runter. Kurz durch Instagram zu scrollen, ehe man den Arbeitstag beginnt, gehört einfach dazu. Mit manchen Kollegen lästert es sich zu schön, als dass man davon ablassen möchte. Weihnachten ohne Kaminfeuer, Plätzchen und Gänsebraten geht gar nicht. Sicher können Sie die Liste beliebig lang ergänzen. Wir Menschen sind Gewohnheitstiere. Haben wir uns an etwas gewöhnt, klammern wir uns daran wie Zweijährige an ihr Kuschelkissen.

Wehe, jemand hinterfragt auch nur ansatzweise den Sinn von SUVs als Familienauto, stellt eigene Ernährungsvorlieben infrage oder deutet an, man habe die Neigung, sich beim kleinsten Impuls aufzuregen. Eine Gepflogenheit kann noch so überholt oder schädlich sein, wir sind ihr verfallen. Wir mögen sie, weil wir es so und nicht anders kennen. Dagegen kommen auch die besten Silvestervorsätze schwer an. Oder um noch mal Mark Twain zu zitieren: »Angewohnheiten kann man nicht einfach aus dem Fenster werfen. Man muss sie Stufe für Stufe die Treppe hinunterbefördern.«

Dabei kann unser Gehirn Veränderungen eigentlich sehr gut bewältigen. Es lernt ein Leben lang dazu und wird auch bei Erwachsenen laufend umgebaut. Es hat nur keine rechte Lust darauf. Denn jeder neue Gedanke und jedes ungewohnte Verhalten kosten Energie. Deshalb belohnt das Gehirn uns mit guten Gefühlen, wenn wir vertraute Wege und Abkürzungen nehmen. Umgekehrt bekommen wir die Konsequenzen zu spüren, wenn wir Neues ausprobieren: Wir fühlen uns gestresst, unsicher und um unsere liebsten Freuden gebracht.

Dieses eingebaute Belohnungs- und Bestrafungssystem bewirkt, dass Gewohnheiten wie Montagekleber an uns haften. Das tun sie nämlich. Der Ausdruck von der »Macht der Gewohnheit« mag noch so gestrig klingen, nach Sonntagsbraten, Filterkaffee, und der Urlaub wird bei Tui gebucht. Doch auch zeitgemäße Haltungen, innovatives Denken, flexibles Handeln und agile Anpassung sind letztlich Gewohnheitssache. Sie haben sich eingeschliffen genau wie der willentlich schwer zu beeinflussende Automatismus, eine ganze Tüte Chips auf einmal zu essen, zwanghaft Social Media zu checken oder zu viel von den eigenen Erfolgen zu reden. Machen wir uns daher nichts vor: Wir alle sind Gewohnheitstiere, egal, welcher Generation wir angehören. Hat sich eine Routine herausgebildet, werden wir sie nur mit Mühe wieder los. Das kann ein Problem sein. Darin kann aber auch ein Riesenvorteil liegen.

Für produktive Gewohnheiten gilt nämlich das Gleiche wie für destruktive. Sie setzen sich zwar ungleich schwerer fest. Haben sie sich aber erst mal eingewurzelt, zweigen wir jeden Monat eine Summe X auf das Anlagedepot ab oder gehen jeden Tag zur gleichen Zeit zu Bett – ohne überhaupt darüber nachzudenken. Leichter können wir uns das Leben fast nicht machen. Denn überlegen Sie mal: Wer von Haus aus jeden freundlich grüßt, macht Höflichkeit nicht von der Sympathie abhängig. Wer jeden Dienstag Tennis spielt, fragt sich nicht, ob es heute wirklich so gut passt. Wer das Kind immer mit dem Rad zur

Kita bringt, tut das auch, wenn nicht die Sonne scheint. Und wer gewohnheitsmäßig erst anderen Wasser anbietet, ehe er sich selbst einschenkt, hat auch sonst die Bedürfnisse anderer mit im Blick. Die guten Gewohnheiten sparen nicht nur Energie. So banal sie einzeln daherkommen, zusammen summieren sie sich zu etwas Großem.

Albert Einstein wurde einmal gefragt, was die stärkste Kraft im Universum ist. Seine Antwort kam prompt: »Der Zinseszins.« Klar, ein eingezahltes Kapital wächst durch die Zinsen exponentiell, erst langsam, dann immer schneller. Trotzdem fällt es unserem Gehirn schwer, dieses Prinzip in seiner ganzen Tragweite zu begreifen, es sei denn, die Rechnung 2^n ist Ihnen unmittelbar geläufig. Gewöhnlichen Sparenden erklärt es die Sparkasse vorsichtshalber plakativ: Stellen Sie sich vor, Sie legen einen Cent an und danach jeden Tag das Doppelte. Also einen Cent an Tag 1, zwei 2 Cent an Tag 2, vier Cent an Tag 3, acht Cent an Tag 4 und so weiter. Wie viel Geld haben Sie dann am 31. Tag, sofern Sie so lange mitgehen können? Kennen Sie die Antwort? Mich hat die Summe fast umgehauen: Am Monatsende stünden sage und schreibe fast elf Millionen Euro auf dem Konto.

Mit unserem Lebensstil verhält es sich ähnlich. Wussten Sie zum Beispiel, dass Hundebesitzer statistisch gesehen länger leben? Diesen Wau-Effekt haben schwedische Wissenschaftler in einer bevölkerungsweiten Studie nachgewiesen. Der Grund dafür ist so banal wie bedenkenswert. Hundemenschen erreichen mit einer viermal höheren Wahrscheinlichkeit das von der Weltgesundheitsorganisation empfohlene Mindestpensum an körperlicher Aktivität. Beim Hundespaziergang bauen sie Muskeln auf und Gewicht ab, trainieren die Gelenke und beugen depressiven Verstimmungen vor. Hinzu kommen Dominoeffekte. »Wenn Sie die Kraft und Ausdauer Ihrer Beine steigern«, erklärt der amerikanische Professor für Physiotherapie John P. McCarthy, »fällt es Ihnen im Allgemeinen leichter, sich zu bewegen, was zu mehr körperlicher Aktivität im Laufe des Tages führt.«[7]

Die Hausse nährt die Hausse, heißt es an der Börse. Gute Gewohnheiten entwickeln eine ähnliche Dynamik: Sie ziehen weitere gute Gewohnheiten nach sich, ohne dass wir uns darum bemühen müssen. Glück und Erfolg, Gesundheit und Leistungsstärke, gute Beziehungen und gesellschaftliches Ansehen, vieles davon verdanken wir dem Zinseszins kleiner, vielfach wiederholter Gewohnheiten. Allerdings tritt dieser Nutzen nur verzögert ein. Deshalb tendieren wir dazu, die Macht guter Gewohnheiten zu unterschätzen.

Falls Sie glauben, das Glück sei von äußeren Ereignissen bestimmt, der neuen Liebe, dem Karrieresprung oder dem eigenen Haus, erliegen Sie einem Irrtum. Herausragende Ereignisse in unserem Leben lassen die Glücksgefühle zwar in die Höhe schießen. Doch das eventbasierte Glück erweist sich als flüchtig. Schon nach einem Jahr, das zeigt eine Studie der Northwestern University in Chicago, ist der Glückszuwachs verpufft. Die vermeintlichen Glückskinder fühlen sich keinen Deut besser als Menschen, bei denen das Jahr ohne besondere Höhepunkte verlaufen war. Unweigerlich folgt auf Champagnerlaune Ernüchterung.[8]

Ein gehobenes Lebensgefühl fällt uns also nicht zu wie ein Lottogewinn. Es hat zwar etwas Berauschendes, wenn man ein Haus plant, das neue Rennrad abholt oder zum ersten Mal nach Neuseeland reist. Doch konstante Glücksgefühle entstehen anders. Wir erschaffen sie uns durch regelmäßig gepflegte Gewohnheiten, die dem Selbstgefühl guttun: Bewegung. Wasser trinken. Nette Menschen treffen. Neues lernen. Draußen sein. Malen. Musik hören. Sich nicht hetzen lassen. Probleme lösen. Genug schlafen, weil man weiß, wie lausig man sich fühlt, wenn man es nicht tut. Das kommt Ihnen alles bekannt vor? Natürlich tut es das. Wir hören es ja allenthalben. Vermutlich haben Sie sich deshalb längst einiges davon zur Gewohnheit gemacht. So sehr, dass Sie überhaupt nicht mehr darüber nachdenken.

Ich zum Beispiel. Sollen manche in meinem Umfeld ruhig finden, ich sei von meiner Smartwatch ferngesteuert. Doch wie bei vielen Menschen weckt die Sportuhr meinen Ehrgeiz. Hat sich der Bewegungsring vor den Tagesthemen noch nicht geschlossen, drehe ich eine Runde durchs Viertel oder laufe zu Hause ein paar Mal die Treppe rauf und runter – so lange, bis das bunte Feuerwerk auf dem Bildschirm erscheint, verbunden mit dem Lob: »Du hast alle drei Tagesziele erreicht.« Ohne diese Belohnung gehe ich nur ungern ins Bett. Höchstens ein lausiges Wetter, ein enger Termin oder eine Erkältung halten mich davon ab.

Die Freude über eine Computeranimation hat etwas Kindliches. Doch genau so simpel funktioniert der Aufbau positiver Gewohnheiten: Reiz, Verlangen, Reaktion, Belohnung. Sie müssen den Loop nur oft genug wiederholen, und die neue Gewohnheit sitzt. Sie ist im Gehirn gespeichert und läuft so automatisch wie Zähneputzen ab. Bis wir dorthin kommen, dauert es etwa 66 Tage. Dann denken wir nicht mehr darüber nach. Bald können wir nicht mehr ohne. So lange gilt es durchzuhalten. Ab jetzt keine Süßigkeiten mehr, der gute Vorsatz allein bringt es also nicht.

Viel besser ist es, Sie überlisten sich. Keinen Süßkram mehr im Haus zu haben, wäre zum Beispiel ein guter Anfang. Was nicht da ist, lässt sich nicht naschen. Müheloser bauen Sie eine neue Gewohnheit allerdings auf, wenn Sie es sich dabei gut gehen lassen. Statt auf kalten Entzug setzen Sie daher besser auf attraktive Alternativen. Wenn Sie der Hungerreiz überkommt oder die Lust auf etwas Gutes, greifen Sie am besten als Erstes nach einem Schälchen mit Pecannüssen. Einer Handvoll Erdbeeren. Einem Haferflocken-Cookie. Oder was immer sonst Sie in Pausenstimmung versetzt und halbwegs gesund ist.

Nach dem gleichen Prinzip etablieren Sie die Gewohnheit, früher schlafen zu gehen. Klar kommt gegen den Sog einer Lieblingsserie wenig an. Erst recht nicht, wenn ums Bett herum noch ein halbes Dutzend Kleidungsstücke darauf wartet, aufgehängt und weggefaltet zu werden. Leichter fällt es, wenn Sie das Schlafzimmer fertig für die Nacht vorbereitet vorfinden. Also werden wie im Luxushotel herumliegende Klamotten schon vor dem Abendessen aufgeräumt, die Kissen aufgeschüttelt, die Bettdecke aufgeschlagen, leise Musik erklingt, auf dem Nachttisch steht eine Karaffe Wasser. Sie brauchen nur noch unter die Decke zu schlüpfen.

Jedes gewohnheitsmäßige Handeln wird durch einen verlockenden Reiz ausgelöst. Fehlt er, geht der beste Vorsatz flöten. Diesen Zusammenhang können Sie sich sehr einfach zunutze machen. Statt sich selbst zu ändern, verändern Sie ein paar Abläufe. Setzen Sie Reize für ein erwünschtes Verhalten so, dass Sie praktisch nicht daran vorbeikommen. Wenn Sie mehr Fisch und weniger Fleisch essen möchten, steuern Sie im Supermarkt als Erstes die Fischtheke an. Wenn Sie in Gesprächen weniger unterbrechen wollen, begegnen Sie Menschen mit mehr Interesse. Und wenn Sie einen gesünderen Lebensstil anstreben, tragen Sie im Alltag möglichst oft Kleidung im Athleisure-Stil. Also etwas, das aussieht, als würden Sie gleich zum Yoga oder Laufen aufbrechen. Studien zeigen nämlich: Menschen bewegen sich mehr und essen gesünder, wenn sie Sportkleidung statt Jeans und T-Shirt tragen. Das deckt sich eins zu eins mit einem Tipp, den ich von einer Großtante habe: Früher war sie im Winter selten beim Schwimmen, weil sie sich in engen Umkleiden nicht mit Socken und Stiefeln abmühen mochte. Dann kamen die flauschigen Ugg Boots in Mode, in die man barfuß schlüpfen kann. 20 Jahre später ist sie zwar aus dem Alter für Flachtreter ohne Fußbett raus. Aber der Zweck heiligt die Mittel, findet sie. Hauptsache, die faule Ausrede ist abgeräumt. Sie merken: Es sind Kleinigkeiten, die langfristig den Unterschied machen.

Übrigens: Es gibt noch eine Steigerung zu »Darüber denke ich nicht einmal nach«. Ich habe sie einer Mitarbeiterin in der Steuerkanzlei abgelauscht, die wirklich jedes Dokument, egal ob digital oder analog, im Handumdrehen zutage fördert. Während ich über ihre Büroorganisation staune, ist diese für sie selbstverständlich: »Das ist einfach so in mir drin, ich kann gar nicht anders.« Besser kann es nicht sein. Jede positive Gewohnheit ist ein gelöstes Problem, eine Belastung weniger, eine Sache, die von selbst läuft. Und das Beste daran ist: Sie müssen sich nicht einmal mehr dafür anstrengen.

6

ICH BIN, WIE ICH BIN. ALLES ANDERE IST MIR ZU ANSTRENGEND

Manchmal kommt das Beste im Leben erst zum Schluss. Oder jedenfalls, wenn wir schon ein bisschen erfahrener sind. Diese Erkenntnis hat mich kürzlich beim Hören eines Podcasts eingeholt. Die Schauspielerin Maren Kroymann hatte Christiane Arp auf ihr Sofa eingeladen, die frühere Chefredakteurin der deutschen *Vogue*. Mit den Kopfhörern im Ohr ließ ich mich kurzweilig berieseln und sortierte dabei meinen Kleiderschrank. Die einstige Vogue-Chefin sprach frei heraus über ihre Angst, zu versagen, ihre Art, permanent an ihre Grenzen zu gehen, und darüber, wie sie fast unmerklich in eine Depression geschlittert war. Von einem Tag auf den anderen konnte eine der einflussreichsten Frauen der deutschen Modewelt nicht mehr arbeiten. Nach fast zwei Jahrzehnten verließ sie das Magazin, das als die Bibel der Mode gilt, und stellte ihr Leben neu auf. Dann sagte sie etwas, das mich aufhorchen ließ: »Das bin jetzt ich. Das ist 61 Jahre gelebtes Leben Christiane Arp. Und ich finde, ich habe das ganz gut hingekriegt.«

Kennen Sie das? Diesen erhellenden Moment, wenn einem plötzlich ein Licht aufgeht? Für mich fühlte es sich an, als hätte ich schon immer auf diesen Satz gewartet. Und als wäre ich jetzt endlich bereit dafür. Denn eigentlich hatte ich eine ähnliche Formulierung viele Jahre früher schon einmal gehört. Ich wusste damals nur wenig damit anzufangen. Es war bei einem Coaching, und ich hatte es gebucht, weil ich endlich etwas gegen meine Redeangst tun wollte. Irgendwie war ich bisher damit zurechtgekommen, mit viel Vorbereitung und Anstrengung zwar, aber … nun ja. Doch nun hatte ich eine Anfrage auf dem Tisch, einen öffentlichen Vortrag in der Stadt meiner Kindheit zu halten. Ausgerechnet in meinem alten Gymnasium. Bestimmt würden ein paar meiner früheren Lehrer da sein und wer weiß wie viele andere Menschen, die mich schon kannten, als ich noch Zahnspange trug. »Ein Heimspiel für Sie«, meinte die Organisatorin. Ich nickte, sie hatte ja keine Ahnung, doch allein bei der Vorstellung krampfte mein Magen. Deshalb also das Coaching. Die Coachin übte mit mir, wie ich Stress regulieren und Bühnenpräsenz entwickeln konnte. Ganz zum Schluss sagte sie: »Du bist, wie du bist. Das hat Konsequenzen.« Und nach einer Pause: »Alles andere ist viel zu anstrengend.« Das bringt mich jetzt auch nicht weiter, maulte meine innere Stimme, und ich schloss daraus: Wenn ich in meinem Beruf erfolgreich sein wollte, würde ich wohl weitermachen müssen wie bisher. Mich durch öffentliche Auftritte faken, so gut es eben ging. Auch wenn mir vor Lesungen, Podien und Publikum graute.

Also beugte ich mich wie gehabt den Erwartungen, die der Autorinnenberuf mit sich bringt: Ich sagte Vorträge zu, hielt mehr Seminare, als mir guttaten, und ließ mich auf Radiointerviews ein, die mich unfassbar viel Energie kosteten. Denn egal, wie gut ich mich vorbereitete, ganz gleich, wie viel Erfahrung ich gewann, ich wurde die Scheu vor dem Angesehen-Werden und der falschen Formulierung nicht los. Und auch wenn ich besser wurde, wollte ich nicht gern das Objekt der Betrachtung sein.

Im Lauf der Zeit merkte ich allerdings, etwas veränderte sich. Der Satz aus dem Coaching bewegte mich. Anfangs erschien mir die Vorstellung »Ich bin, wie ich bin« wie eine Ausrede, es mir leicht zu machen, statt härter an mir zu arbeiten. Schließlich ist Selbstoptimierung quasi meine Jobbeschreibung. Schon deshalb hätte ich es als Kapitulation empfunden, meine Schwächen einfach mal zu akzeptieren. Es dauerte, bis meine Skepsis zu schmelzen begann. Doch je länger ich darüber nachdachte, desto mehr begriff ich: An den Worten der Coachin war viel Wahres dran. Wir alle schleppen einen individuellen Rucksack aus Anlagen und Neigungen mit uns herum, und ich bin mir ganz sicher: Ihrer ist anders gepackt als meiner. Vielleicht haben Sie, um im Bild zu bleiben, die ultimative Outdoorjacke im Gepäck. Dafür habe ich die besten Sportriegel der Welt dabei. Und wo Ihnen der Sonnenschutz fehlt, ist es bei mir der Lawinenpiepser. So in dieser Art. Auf jeden Fall sind wir unterschiedlich gerüstet, und so viel auch in unseren jeweiligen Rucksäcken steckt, an irgendetwas mangelt es immer. Wir können uns wegen solcher Unvollkommenheiten verrückt machen. Oder wir holen aus unseren Möglichkeiten das Beste heraus.

Im wahren Leben verhält es sich ähnlich. Natürlich können Sie sich an Ihren Defiziten abarbeiten: neue Skills erwerben, Wissen verbessern, gegen Defizite ankämpfen, Lässigkeit vortäuschen, wo keine ist. Das ist nicht falsch. Aber das sind nicht Sie! Dazuzulernen und ein starker Wille bringen uns in kleinen, stetigen Schritten voran, selten in Siebenmeilenstiefeln. Deshalb geht alles viel leichter, wenn Sie mit Ihren Stärken arbeiten, nicht gegen Ihre Schwächen. Im Klartext: Konzentrieren Sie sich bevorzugt auf Aufgaben, die Ihnen liegen. Setzen Sie vor allem auf Menschen, mit denen Sie gut können. Schaffen Sie sich möglichst oft Ihre eigenen Bedingungen, und suchen Sie Ihren eigenen Weg. Nicht aus Egoismus. Sondern einfach, weil bei uns allen die größten Kräfte dort schlummern, wo die Talente sind. Manchmal reicht es dafür schon, wenn wir anstrengende Termine, mühevolle Beziehungen oder Aufgaben, für die wir buchstäblich nicht geboren sind, reduzieren. Im Garten setzen wir die Hortensien ja auch in den Halbschatten. An einem Platz, an dem sie sich zu Hause fühlen, entfalten sie ihre Blütenpracht ganz leicht. Ohne Extrapflege und zweimal täglich gießen.

Und was, wenn alle so denken? Wenn jeder nur noch das tut, was er genießt? Nicht alles kann man sich aussuchen. Manches muss einfach erledigt werden. Ich verstehe die Bedenken. Auch in meinen Ohren klingt »Ich bin ich. Alles andere ist mir zu anstrengend.« ein bisschen arrogant. Entsprechend zögerlich habe ich mich mit dem neuen Satz angefreundet. Andererseits mischt er den inneren Monolog auf, gerade weil er so deutlich ist. Er spornt an, sich treu zu bleiben und das Leben so einzurichten, dass es zu den eigenen Stärken, Werten und Zielen passt.

Weil alles andere – genau – viel zu anstrengend ist. Zwar kriegen wir auch das, was uns weniger liegt, meistens auf die Reihe. Wir setzen damit aber weder Zeichen noch ragen wir aus der Masse heraus. Denn leider ist »so zu tun als ob« irre strapaziös. So gut es kurzfristig funktioniert, so sehr laugt es uns langfristig aus. Ein Alltagsbeispiel: Es ist kalt auf der Spielplatzbank, und es nieselt. Am liebsten wollen Sie nach Hause, doch Ihr Kind ist in sein Spiel vertieft und will vermutlich genau das nicht. Also halten Sie durch, winken fröhlich in Richtung Wippe und ziehen die Mütze tiefer ins Gesicht. Die Show ist gut. Sie haben sie perfektioniert. Niemand, schon gar nicht Ihr Kind, merkt, wie Sie sich verbiegen und verspannen, und eine Zeit lang lässt sich das durchhalten. Aber nicht auf Dauer. Grundlegende Bedürfnisse auf Eis zu legen, verbessert weder die Leistung noch die Laune. Statt zu leuchten, brennen wir aus. Davon hat niemand etwas. Was also dann?

Die Antwort liegt in Ihnen selbst. Je mehr Sie sich zugestehen, Sie selbst zu sein, desto beschwingter handeln Sie aus einem Zustand der Fülle. Je öfter Sie mit sich im Einklang bleiben, desto leichter fühlt sich das Leben an. Je mehr Sie Ihren Stärken Raum geben, desto unangestrengter erreichen Sie Ihre Ziele. Und das Wunderbare daran ist: Die Entscheidung für mehr Flow und Freude liegt ganz allein bei Ihnen. Die Einstellung »Ich bin ich, und das hat Konsequenzen« führt Sie immer näher an ein Leben heran, das wie für Sie geschaffen scheint.

Die US-amerikanische Professorin Brené Brown hat für diese Verschiebung das perfekte Bild gefunden: Sie lassen los, was Sie glauben, sein zu müssen, und umarmen, was Sie sind.[9] So einfach kann Veränderung sein. Wir erlauben uns die Frage: Wer bin ich? Wer möchte ich sein? Was liegt mir? Was ist mir in den verschiedenen Rollen meines Lebens wichtig? Wie möchte ich leben? Was möchte ich bewirken? Und genau daran richten wir unser Handeln aus.

Nur dass es dann an der Umsetzung hapert. Man lässt das Kind weiterspielen, statt zu sagen: »Du, mir ist richtig kalt geworden. Komm, wir gehen nach Hause und machen uns einen Kakao.« Man lädt sich ein Projekt auf, wohlwissend, dass das Privatleben darunter leiden wird. Man nimmt eine Einladung an, obwohl man sich nichts mehr wünscht, als zu Hause ein Glas Wein zu trinken und zwei Folgen *Friends* anzuschauen. Man inszeniert die Hochzeit als Megaevent, weil alle im Freundeskreis das Gleiche tun. Man behält Ängste für sich, schließlich will man sich nicht gehen lassen. Wie Menschen, die eine Kreuzfahrt buchen, obwohl ihnen auf Schiffen erfahrungsgemäß übel wird, lassen wir uns auf Dinge ein, die uns unangenehm sind, am besten so, dass niemand uns die Mühe ansieht. Wenn es nicht so verrückt wäre, könnte man meinen, wir sind unser eigener ärgster Feind.

So ist es sicher nicht. Wir werden nur sehr gern gemocht und anerkannt. Wir möchten höflich und empathisch sein und sind dabei anfällig für jene Art von Selbstausbeutung, die auch Christiane Arp bei sich beobachtet hat: »Selbstverständlich schaffe ich dieses noch, und jenes kriege ich auch noch hin.« Wie sollte es auch anders sein? Die Achtung der sozialen Gruppe genießt, wer Hochleistung bringt, Unvollkommenheiten wegoptimiert und scheinbar mit links verfügbar ist. Überfliegerinnen und Pflichterfüllern ergeht es deshalb, wie es der ungarisch-österreichische Schriftsteller Ödön von Horváth beschrieben hat: »Eigentlich bin ich ganz anders, nur komme ich nicht dazu.« Indem wir Allerweltsmaßstäbe erfüllen, glauben wir uns gegen Kritik, Shitstorms und Ausgrenzung zu schützen. Also missachten wir die Grenzen unserer Persönlichkeit und verlangen uns zu viel von dem ab, was uns nur mäßig liegt.

Wahre Erfüllung sieht anders aus. Das beobachte ich gerade bei einem jungen Paar im Bekanntenkreis, nennen wir sie Lukas und Pauline. Die beiden bauen in einem neu ausgewiesenen Baugebiet ein Haus. Die hohen Bauzinsen machen ihnen zu schaffen. Wie viele müssen sie sich höher verschulden als gedacht. Die meisten in der neuen Siedlung lösen das Problem und verlegen Böden in Eigenleistung, malern, bringen Holzfassaden an, einige machen sogar die Elektroinstallation selbst. Das spart Geld, geht aber oft auf Kosten der Ausführungsqualität. Pauline und Lukas schließen die Finanzierungslücke deshalb lieber auf ihre Weise. »Das sind wir nicht«, sagt Lukas. »Dafür haben wir vor professionellem Handwerk zu viel Respekt.« Deshalb nutzt Pauline ihr kreatives Talent, um Baustoff-Restposten zu kaufen, ein Wort übrigens, das ich von ihr gelernt habe. »Schau mal, die Dielen. Gebürstet und naturgeölt. Dafür bekommst du sonst höchstens ein mittelgutes Laminat.« Und Lukas tut noch mehr von dem, was er ohnehin am besten kann: traden.

»Ich habe zwei linke Hände. Aber ein ziemlich gutes Gespür für den Aktienmarkt.«

Am glücklichsten lebt, erkannte Aristoteles vor über 2000 Jahren, wer das, was er vom Wesen her ist, so gut wie möglich zur Vollendung bringt. Im 18. Jahrhundert befand Goethe: »Wer mit einem Talent zu einem Talent geboren ist, findet in demselben sein schönstes Dasein.« Für den deutschen Philosophen Arthur Schopenhauer ist nichts für das Lebensglück wichtiger als die Entfaltung des eigenen Potenzials, also »das, was einer in sich ist und an sich selber hat«. Nietzsche hält es für ein großes Zeichen von Vernunft, sich nicht »anders« zu wollen. Auch die Schriftstellerin Bettina von Arnim sieht den Schlüssel zu einem gelungenen Leben in unserer Eigenart als Menschen begründet: »Finde dich, sei dir selber treu, lerne dich verstehen, folge deiner Stimme, nur so kannst du das Höchste erreichen.«

2000 Jahre Philosophie können nicht irren. Glück, Erfolg und ein entspanntes Lebensgefühl liegen in Ihren Talenten und Träumen begründet. Suchen Sie sich also Umgebungen, Menschen und Aufgaben, die Sie aufblühen und erstrahlen lassen. Entwickeln Sie einen Kompass, was Sie unbedingt wollen und was Sie besser lassen. Gehen Sie selbstbewusst mit Unvollkommenheiten um. Die klare Haltung hat nichts mit Egoismus zu tun. Sie ist die Voraussetzung, dass Sie Ihr bestes Ich entfalten können.

Mit der inneren Überzeugung »Ich bin ich, alles andere ist mir zu anstrengend« folgen Sie Ihrem eigenen Stern. »Ich fühle mich gut, so wie ich bin«, sagte Christiane Arp im Podcast von sich. »Ich vergleiche mich nicht mehr.«

Muss sie auch nicht. Sie ist, wie sie ist, und das macht ihr so leicht niemand nach. Genau das Gleiche gilt für Sie und mich. Wir müssen uns nur die Freiheit zugestehen, wir selbst zu sein. Mit allem, worin wir gut sind und was einen positiven Einfluss auf andere hat. Und die Mängel, die man eben auch so hat? Sind oft keine Macken. Sondern Spezialeffekte, die Sie liebenswert und besonders machen! Doch das ist ein anderer Satz. Mehr dazu lesen Sie in Kapitel 13.

7

ES GIBT NICHTS WOHLIGERES, ALS ZU HAUSE ZU SEIN

E.T., der kleine Außerirdische, wollte nach Hause telefonieren. In *Sex and the City* ging es um Dates, Liebe und die Stadt, die niemals schläft. Aber jede Menge schönes Wohnen war auch dabei. Bis heute habe ich Carries atemberaubenden Kleiderschrank vor Augen und dazu den Satz, der sich 20 Jahre später fast als prophetisch erweist: »Schönheit vergeht, aber eine mietgebundene Wohnung mit Blick auf den Park ist für immer.« Weniger fluffig, dafür mit mehr Tiefgang hat Jane Austen in den Blick genommen, welchen Halt uns unser Zuhause schenkt. Auch wenn es scheinbar anders aussieht, lassen ihre Romane ahnen: Hinter der Suche nach Mr. Right steckte im frühen 19. Jahrhundert bitterer Ernst. Ein eigenes Zuhause fanden Frauen fast nur in der Ehe. Alle anderen wurden als mittellose Tante in der Verwandtschaft herumgereicht. So ähnlich muss es auch Jane Austen erlebt haben. Heute würden ihre Bücher und deren Verfilmungen sie reich machen. Zu ihren Lebzeiten konnte sie von Glück reden, dass sie überhaupt verlegt wurden. Das Haus, in dem Jane Austen sich am ehesten zu Hause fühlte, überließ ihr einer ihrer Brüder. Aus diesem Mangel heraus verstand sie vielleicht besonders gut, was Wohnen für die Seele bedeutet.

»There is nothing like staying home for real comfort«, heißt einer ihrer berühmtesten Sätze. Es gibt nichts Schöneres, als zu Hause zu bleiben, um sich wirklich wohlzufühlen. Ob Villa, Miniapartment oder, wie bei den meisten von uns, irgendetwas Bezahlbares dazwischen, das Zuhause ist der Ort, wo wir uns selbst am nächsten sind. Sogar wenn es wie bei E.T. drei Millionen Lichtjahre entfernt liegt.

Heute, über 200 Jahre später, ziert Jane Austens Ausspruch über das Wohnen die Facebookseite eines Hamburger Immobilienunternehmens. Bei Wohnsüchtigen ruft er dort die Assoziationen hervor, die limitierte Budgets und veraltete Leitungen leicht mal vergessen lassen. Unwillkürlich blitzt die Vorstellung auf, wie der Duft nach frisch gebackenem Kuchen durchs Haus zieht. Wie man auf dem Sofa in ein Buch abtaucht. Oder von der Badewanne aus in die Wolken sieht. Während im Hintergrund der Große Basketball übt und der liebste Mensch von allen schon mal die Spülmaschine ausräumt …

Unser Zuhause ist unser Revier. Wenn wir es richtig anstellen, beruhigt seine Atmosphäre die Seele, stimuliert die Sinne und lädt die Energien auf. »Mea requies« heißt in *Asterix* die Residenz von Cäsar. Auf Deutsch also: meine Zuflucht. Mein Ankerpunkt. Meine Privatsphäre. Und vielleicht sogar meine Inspirationsquelle. Denn Räume und Gebäude können uns nicht nur wohltuend umfangen. Ihr Geist wirkt auch auf unser Gehirn, unsere Produktivität und unser Verhalten. Die Zahl der Quadratmeter ist dabei nur ein Faktor von vielen. Auch im Wohnmobil, im Hotelzimmer und am Arbeitsplatz können wir uns mehr oder weniger gut aufgehoben fühlen.

Pittsburgh, Anfang der 1950er-Jahre. In den dumpfen Kellerlaboren des Municipal Hospital ringt der Virologe Jonas Salk darum, einen Impfstoff gegen Kinderlähmung zu entwickeln. Doch die Forschungen stocken. Um Abstand zu gewinnen, reist Salk nach Italien und mietet sich in Assisi im Kloster bei der Basilica di San Francesco ein. Hier, in der Unberührtheit der umbrischen Landschaft, umgeben von gotischen Spitzbögen und leuchtenden Fresken, kommt Salk die entscheidende Idee. Zugleich erkennt er, wie die physische Umgebung die Psyche beeinflusst: »Die Spiritualität der Architektur war so inspirierend, dass ich weitaus intuitiver denken konnte als je zuvor.«

Salks Erfahrung markiert die Geburtsstunde der Neuroarchitektur, der Wissenschaft, die erforscht, wie Raumstimmungen, Möbel und persönliche Gegenstände unsere mentalen Zustände beeinflussen. Zurück in den USA kontaktiert er den Architekten Louis I. Kahn. Zusammen schaffen sie das Salk Institute im kalifornischen La Jolla, einen inspirierenden Ort, dessen Architektur darauf abzielt, wissenschaftliche Brillanz zu beflügeln. Seit 1957 entschlüsseln dort Forschende aus aller Welt die Geheimnisse des Lebens, erforschen innovative Krebstherapien und arbeiten daran, Erkrankungen des Gehirns nicht entstehen zu lassen. Ihre Studien stellen sie hoch über dem Pazifik an, in lichtdurchfluteten Räumen, umgeben von Terrazzo und Teak, zwischen den scharfen Schatten der Sonne.

»Erst formen wir die Räume, dann formen die Räume uns«, hat der britische Premierminister Winston Churchill formuliert, der selbst mit Begeisterung gestaltete und baute. Für keinen Ort der Welt gilt dieser Zusammenhang zwischen Raum und Psyche mehr als für unsere private Adresse. Nirgendwo können wir so sehr bei uns sein wie auf jenen 50 oder 200 Quadratmetern, wo wir im Dunkeln den Lichtschalter finden und der Christbaum jedes Jahr an derselben Stelle steht. Wo wir uns nicht verhalten müssen und genau so sein können, wie wir sind. Jedenfalls solange wir nicht das Fahrrad im Treppenhaus abstellen oder täglich zwei Stunden Saxofon üben.

Aus der Architekturpsychologie ist bekannt: Das Wohnen zählt zu den wichtigsten und am meisten unterschätzten Glücksfaktoren. Unbefriedigende Wohnsituationen hingegen belasten Seele und Körper. Den Unterschied haben die kalifornischen Psychologieprofessorinnen Darby Saxbe und Rena Repetti erforscht. Im Rahmen einer Studie ließen sie 60 Teilnehmerinnen aus vergleichbaren familiären und wirtschaftlichen Verhältnissen ihr Zuhause Raum für Raum beschreiben.[10] Anschließend werteten sie die Aussagen der Probandinnen mit einer Sprachanalyse-Software aus. Das Ergebnis: Teilnehmerinnen, die von Lieblingsplätzen oder schönen Lichtstimmungen erzählten, wiesen im Schnitt ein gesundes, ausgeglichenes Level des Stresshormons Cortisol auf. Bei Probandinnen, die eher vom Chaos zu Hause berichteten, von unerledigten Reparaturen oder unschönen Fliesen, lag der Cortisolspiegel deutlich höher. Die unterschiedlichen Pegel wurden sowohl im Moment des Erzählens gemessen als auch an mehreren Tagen danach. Daraus lässt sich ablesen: Anders zu wohnen, als man möchte, bedeutet Dauerstress. Hält der Zustand an, können daraus Reizbarkeit und Burn-out erwachsen, erhöhter Blutdruck, Schlafstörungen, Muskelverspannungen und sogar Magenprobleme.

Unser Wohlbefinden hängt also eng mit unserem Zuhause zusammen. Entsprechend hohe Erwartungen knüpfen wir daran. Bei aller Vernunft schwebt wohl den meisten in Sachen Wohnen etwas von dem Ideal vor, das Kurt Tucholsky in den 1920er-Jahren aufs Korn nahm:

»Ja, das möchste:
Eine Villa im Grünen mit großer Terrasse,
vorn die Ostsee, hinten die Friedrichstraße;
mit schöner Aussicht, ländlich-mondän,
vom Badezimmer ist die Zugspitze zu sehn –
aber abends zum Kino hast dus nicht weit.
Das Ganze schlicht, voller Bescheidenheit.«

In seinem Gedicht holt uns Tucholsky schneller auf den Boden der Tatsachen zurück, als man »sanierter Altbau« sagen kann: »Das einer alles hat: Das ist selten.« Das ist zum Glück auch nicht notwendig. Denn natürlich sind eine schöne Lage, Wohnküche, Holzfußböden und Designermöbel begehrenswert, erst recht, wenn man in einem Eigenheim wohnt, dessen Wert steigt und steigt. Doch auch Traumhäuser können steril sein und bodentiefe Fenster im Penthouse Unbehagen auslösen. Anders ausgedrückt: Damit wir uns glücklich wohnen, brauchen die meisten von uns etwas anderes als die perfekte Schöner-Wohnen-Ästhetik. Was das ist, weiß der Wohnpsychologe

Uwe Linke: Wir müssen für »unsere Bedürfnisse ›richtig‹ wohnen«, und das bedeutet nicht unbedingt luxuriös.[11] Diese Erfahrung machte schon Goethe: »Ich bin in einer prächtigen Wohnung, wie ich sie in Karlsbad gehabt, sogleich faul und untätig«, beobachtete er bei sich. »Geringere Wohnung dagegen, wie dieses schlechte Zimmer, worin wir sind, ein wenig unordentlich ordentlich … ist für mich das Rechte. Es lässt meiner inneren Natur volle Freiheit, tätig zu sein.«[12]

Eine therapeutische Funktion erfüllen unsere vier Wände also immer dann, wenn sie unsere subjektiven Bedürfnisse stillen. Dazu gehören Schutz und Selbstverwirklichung, Privatheit und Geselligkeit, Ästhetik und Anerkennung. Im Detail bedeutet das für jede und jeden von uns etwas anderes. Nehmen wir das Thema Sicherheit: Die einen sind froh, ein bezahlbares Dach über dem Kopf gefunden zu haben. Andere denken dabei an smarte Bewegungsmelder oder zertifizierte Fenster der Widerstandsklasse 3. Für wieder andere gehört Barrierefreiheit zum sicheren Wohnen. Auch beim Thema Selbstverwirklichung scheiden sich die Geister: Wo für die eine ein zweites Kinderzimmer das größte Glück bedeutet, wünscht sich der andere ein Atelier zum Malen und die dritte eine Garage für den Nebenjob. Ähnlich verhält es sich mit dem Bedürfnis nach Ästhetik: Optisch ansprechend wohnen wollen wir alle. Doch ob man es klar oder opulent, reduziert oder vollgestellt, luftig-leicht oder bunt und gemütlich mag, darüber kann man lange streiten.

Nur eines gilt für sesshafte Naturen und Globetrotter gleichermaßen: Wohnen, wo immer es gerade stattfindet, kann die Seele im Gleichgewicht halten. Allerdings bin ich mir nicht sicher, ob wir uns die Wohltat des Wohnens schon so weit erschlossen haben, wie wir könnten.

»Habt ihr am Wochenende schon was vor?«, fragt eine Nachbarin, und durch meinen Kopf schießt der Gedanke, nein, ich will mich nicht zum Grillen verabreden. Das habe ich in diesem heißen Juli nämlich schon am vorigen Wochenende getan. Und an dem davor auch. »Tatsächlich einfach nur wohnen«, sage ich unbedacht und ernte einen irritierten Blick.

Anders als »Ich lache« oder »Pia rennt« ist »Ich wohne« im Deutschen grammatikalisch kein vollständiger Satz. Es folgt immer etwas danach, zum Beispiel eine Präposition oder ein Adverb. Also: Ich wohne in Bayern, du wohnst auf dem Land, er wohnt in einer WG, sie wohnt bei ihren Eltern, wir wohnen zur Miete, ihr wohnt traumhaft, sie wohnen fünf Minuten vom Strand entfernt. Nur mit Begeisterung zu wohnen, geht laut Duden nicht. Geht doch, finde ich. Ich kenne kein besseres Wort, um zu beschreiben, womit ich jene Tage fülle, in denen es nichts Dringenderes gibt, als wohlig zu Hause zu bleiben, den Kater zu streicheln, die Küchenschubladen aufzuräumen und unverplante Zeit auszukosten, auf jenen Quadratmetern, wo ich mir wie nirgendwo sonst die Welt machen kann, wie sie mir gefällt.

Deshalb bringt es sofort etwas in mir zum Klingen, wenn ich bei Gabriele von Arnim in ihrem großartigen Buch *Der Trost der Schönheit* lese: »Wohnen beruhigt mich. Meine Wohnung birgt mich.« Nicht nur in guten Zeiten. Auch in den düsteren. Wenn die Welt aus den Fugen ist, sei es politisch, sei es privat, stärkt das Zuhause die verunsicherte Psyche: »Und so suche ich für meinen Nervenfrieden meine Welt der Schönheit zu Hause.« Da ist er wieder, in moderneren Worten, der Gedanke von Jane Austen: »Es gibt nichts Tröstlicheres, als zu Hause zu bleiben.« Kein Coach und keine Therapiecouch können die Welt so leicht ins Lot rücken wie ein Zuhause, das uns birgt.

Selbst wenn eine Bleibe nur auf Zeit ist, auch wenn sie weder mit drei Meter hohen Decken noch einem Blick über den Park punktet, können wir es uns und anderen dort schön machen. Ich denke dabei an die geselligen Runden im Studium, die eine Freundin in ihrer Studenten-WG veranstaltete. Mit dicht an dicht gehängten Plakaten, einem Wein überwucherten Minibalkon und Lambrusco in der 1,5-Liter-Flasche verwandelte sie 18 sterile Quadratmeter in einen anziehenden Ort. Willkommener habe ich mich auch in den großen, schicken Wohnungen nicht gefühlt, die sie später hatte.

Es sind Erfahrungen wie diese, weshalb ich zuweilen staune, an welchen Kriterien unser Land Wohnqualität misst. Natürlich wären Energieeffizienz und mehr Wärmepumpen wünschenswert. Und trotzdem. Wann redet eigentlich mal jemand von der warmen Atmosphäre, die nicht aus dem Heizkörper kommt? Sondern von der Stimmung der Räume, die wir uns gestalten. Von den Farben, Texturen, Kerzen, Düften, Büchern. Von der Musik im Hintergrund, den Pflanzen, den Fotos, dem vertrauten Schnarren der Kaffeemaschine. Warum bitte wandeln Gartenbesitzerinnen und Gartenbesitzer ihre Grünflächen in Steinwüsten um, statt ein paar Strauchhortensien zu pflanzen, für die man wirklich keinen grünen

Daumen braucht? Wenn ich mich so umschaue, dann finde ich: Da geht noch was! Wir könnten das Wohnen noch viel mehr zum Glücksfaktor ausbauen. Und das meiste davon kostet nicht einmal die Welt.

Am eindrucksvollsten machen es die Dänen vor. Seit Jahren belegen sie Spitzenplätze im Weltglücksbericht. Zum Vergleich: Das keineswegs ärmere Deutschland ist dort auf Platz 24 abgesunken, 15 Plätze hinter der Schweiz und zehn hinter Österreich. Glück bemisst sich also nicht allein am Bruttosozialprodukt. Die Däninnen und Dänen haben aber etwas, was viel mit dem Wohngefühl und wenig mit Mietpreisen und Bauzinsen zu tun hat: Hygge. Sie kennen den Begriff. Wir haben ihn längst nach Deutschland importiert. Allerdings gibt es Heimeligkeit als Lebensgefühl nur bedingt zu kaufen. Hygge erschöpft sich nämlich nicht in Kerzen, Deko und Cozy-Textilien. Wenn man es sich hyggelig macht, in Skagen oder Rungstedlund, zelebriert man die Freuden des Daseins. Zu Hygge gehören Familie und Freunde, gutes Essen und Trinken, Drinnen und Draußen, Design und Kunst, aber auch das Viertel, das Café um die Ecke, das Waldstück, das man mit dem Rad in fünf Minuten erreicht.

Das alles können wir auch. Wir müssen es allerdings wollen. Denn das hyggelige Lebensgefühl fliegt niemandem zu. Es braucht die Bereitschaft, sich der Muße hinzugeben, zu entschleunigen, aufzutanken, abgeschottet von Hektik und Stress. Hygge kann der Spieleabend mit Freunden sein, Vorlesen am Kamin, Pilze sammeln, malen, am Fahrrad basteln, gemeinsam kochen, ein Tag im Pyjama oder einfach ein heißer Tee in der Lieblingstasse.

Ob der Esstisch ein Designklassiker oder von IKEA ist, spielt bei diesem Lebensstil, bei dem das Zuhause im Mittelpunkt seht, die geringste Rolle. Hauptsache, das Leben, das man dort führt, erfüllt Geist und Körper mit Freude und Ruhe.

Zuhause ist, was Sie daraus machen. Es muss nicht die Qualität eines Showrooms und nicht einmal den idealen Grundriss haben. Was zählt, ist, dass Sie jedes Mal, wenn Sie zur Tür reinkommen, merken: Das bin ich. Das ist meins. Hier fließen meine Energien frei, hier atme ich auf, wenn ich von einer Reise oder einem Auswärtstermin heimkehre. »Chez moi« beziehungsweise »chez nous« heißt »daheim« auf Französisch. Bei mir. Bei uns. Wo wir uns angekommen und angenommen fühlen. Etwas von dem Effekt stellt sich sogar ein, wenn jemand bloß nach Hause telefoniert.

8

GLAUB DIR NICHT ALLES, WAS DU DENKST

Es hätte eine der großen Liebesgeschichten der Welt werden können. Ein Mann, der es in seinem Beruf zu höchstem Ansehen gebracht hat, und eine Frau aus einer der ersten Familien Venedigs verlieben sich und beschließen, zu heiraten. Zusammen sind sie ein beeindruckendes Paar, und fast könnte man vergessen, dass der Mann schwarz ist und die Frau weiß. Bis ein Neider dazwischenfunkt und es plötzlich doch eine Rolle spielt. Denn bei allem, was er erreicht hat, tief in seinem Inneren kann der Mann nicht glauben, dass seine Frau einem Außenseiter wie ihm ein ganzes Leben lang den Vorzug gibt. Ein Taschentuch am falschen Platz genügt, und er hält Andeutungen für glaubhaft, dass sie ihn betrügt. Vergebens versucht sie, zu ihm vorzudringen. Geleitet von den eigenen Fehlannahmen, tötet er erst sie und dann sich.

Die Geschichte von Othello, Desdemona und Jago, der ihnen zum Verhängnis wird, ist über 400 Jahre alt. Shakespeare hat sie erzählt und in Othello einen Helden geschaffen, für den sich bis heute die Psychologie interessiert. Denn der erfolgreiche Feldherr von Venedig ist kein Einzelfall. Seine Unfähigkeit, die Welt zu sehen, wie sie ist, hat zwar besonders tragische Folgen. Doch in uns allen steckt die Tendenz, uns zu glauben, was wir denken. Was sollen wir auch sonst glauben? Den eigenen Gedanken zu vertrauen, scheint so logisch und fühlt sich so natürlich an, dass uns selbst ein hoher IQ nicht davor schützt.

Als ich im Anglistikstudium Shakespeares Tragödie zum ersten Mal gelesen hatte, wunderte ich mich, dass sich ein Held wie Othello derart an der Nase herumführen lässt. Warum erliegt er einem Intriganten, von dem er nichts hält? Wieso glaubt er, dass seine Frau ihn belügt? Wieso wertet er ihre Verzweiflung als Beweis ihrer Schuld? Wo bleiben Vertrauen, Augenmaß und Verstand? Und was bitte sagt ein geliehenes Taschentuch aus?

Die schlüssigste Antwort darauf fand ich bei Paul Ekman, einem der einflussreichsten Psychologen des 21. Jahrhunderts.[13] Der amerikanische Emotionsforscher vertritt die These: In Othello muss schon lange der Gedanke geschwelt haben, Desdemona könne ihm untreu werden. An diese diffuse Angst dockt Jago seine dünne Geschichte an. Sie funktioniert, weil Othello von sich denkt, seiner Frau nicht würdig zu sein. Auf dieses Selbstbild zahlen Jagos Lügen ein. Das Publikum weiß zwar: Othello schätzt die Lage falsch ein. Doch darauf kommt es nicht an. Othello hält sein Denken für rational und objektiv. Deshalb gründete er sein Handeln darauf. Und wir haben die Neigung, in unserem eigenen Leben das Gleiche zu tun. Wie Shakespeares Othello sitzen wir regelmäßig den unterschiedlichsten kognitiven Verzerrungen auf.

Zu den bekanntesten unter ihnen gehört der Confirmation Bias oder Bestätigungsfehler. Damit gemeint ist die unterschwellige Neigung, bevorzugt solche Informationen und Eindrücke aufzunehmen, die unser Weltbild stützen. Vermutlich haben Sie den Mechanismus schon bei sich oder anderen beobachtet: Informationen, die bekräftigen, was Sie ohnehin denken, hoffen oder fürchten, passen ins Bild. Ihr Gehirn greift sie begierig auf und wertet sie als vertrauenswürdig und unbedingt glaubhaft. Fakten, die dieser vorgefassten Meinung widersprechen, überzeugen uns deutlich weniger. Wie Othello begegnen wir gegenteiligen Informationen sogar dann mit Skepsis, wenn sie dazu angetan wären, Ängste auszuräumen. Verrückterweise fallen wir lieber auf unsere falschen Theorien herein, als dass wir sie korrigieren.

Noch lieber glauben wir uns selbst, wenn eine innere Überzeugung unserem Ego schmeichelt, zum Beispiel, weil wir uns in irgendeinem Bereich überlegen fühlen. Dieser Denkfehler heißt Overconfidence Bias, und eine US-amerikanische Umfrage zeigt, welche Vermessenheit daraus erwachsen kann. Stellen Sie sich vor, Sie sitzen in einem Airbus, irgendwo in der Economy Class. Ein paar Minuten vor der Landung ertönt die Durchsage: »Ladies and Gentlemen, beide Piloten sind flugunfähig geworden. Befindet sich unter den Reisenden jemand, der diese Maschine mithilfe der Flugsicherung heil landen kann?« Würden Sie sich dazu für fähig halten? Der Umfrage zufolge traut sich fast jeder zweite der befragten Männer die Aufgabe zu.[14] Beim Abendessen lege ich die Frage dem Mann vor, mit dem ich verheiratet bin. In seinem Gesicht arbeitet es. »Ich stelle mir das äußerst schwierig vor«, sagt er dann. »Eigentlich unmöglich. Nichtstun wäre aber auch keine Lösung. Wenn es sonst niemand kann, würde ich es vermutlich versuchen.«

Hoffentlich gerät keiner von uns je in eine Situation dieser Art. Inzwischen habe ich nämlich herausgefunden: Die Chance, als Laie ein Passagierflugzeug erfolgreich zu Boden zu bringen, geht gegen null.[15] Dafür ist die Technik zu komplex, egal, wie gut jemand Flugsimulator spielt. Wer also denkt, mal eben so einen Jet landen zu können, überhebt sich. Mit an Sicherheit grenzender Wahrscheinlichkeit erliegt er oder sie der Vermessenheitsverzerrung.

Gelegentlich spielt unser Gehirn uns fiese Streiche. Nicht jede daraus resultierende Fehleinschätzung wird umgehend korrigiert. Rückt uns niemand sehr gründlich den Kopf zurecht, verrennen wir uns munter weiter in unsere Gedanken. Überzeugt von uns selbst, stellen wir logische Zusammenhänge her wo keine sind, und bleiben für gegenteilige Hinweise verbohrt. Gegen dieses allgemeinmenschliche Phänomen kommt, siehe Othello, auch die ganze sonstige Klugheit nicht an. Unsere Meinung steht unverrückbar fest. Und das ist noch nicht das Ende der Geschichte.

Denn wenn es dumm läuft, beeinflussen unsere Wahrnehmungsverzerrungen unsere Entscheidungen. Dann spätestens wird es fatal. Niemand kann auf der Grundlage eines Trugschlusses gute Entschlüsse treffen. Das funktioniert genauso wenig wie vor einem gewölbten, eingefärbten Spiegel zu beurteilen, ob eine Jeans einen schönen Hintern macht. Wobei Letzteres schon unter normalen Umständen ein subjektives Unterfangen ist. Die dazu passende Geschichte hat eine Freundin von einer Reise nach San Francisco mitgebracht. Mitten im Hochsommer legte sich der Nebel über die Stadt am Pazifik, und sie beschloss, auf die Schnelle eine Jeans zu kaufen, um sie gegen den Sommerrock zu tauschen, in dem sie morgens losgezogen war. Also ging sie in den nächsten GAP Store, zog einen bewährten Schnitt aus dem Regal, drehte sich vor einer Spiegelwand und befand: passt. Im gleichen Moment drückte ihr ein vorbeieilender Sales Assistant ein anderes Modell in die Hand: »These are the fit you want.« Meine Freundin war skeptisch. Doch höflich, wie sie ist, schlüpfte sie in die Jeans rein. »Es war der Wahnsinn. Ich habe mich ja nie an Wide Leg Jeans herangetraut. Mit meinen 1,62 bin ich einfach nicht der Typ dafür.« Anscheinend doch. Der Sales Assistant hob die Daumen: »You must not believe everything you think«, sagte er und wandte sich der nächsten Kundin zu.

Glaub dir nicht alles, was du denkst. Als ich den Satz von Amelie hörte, gefiel er mir fast noch besser als die Jeans, die mir auch direkt ins Auge sprang. Wunderbar treffend bringt er auf den Punkt, was wir gerne vergessen: Es lohnt sich, wenn wir unsere Überzeugungen gelegentlich infrage stellen. Nun gibt es natürlich einen Unterschied, ob jemand einen angesagten Jeansschnitt für sich ausschließt oder aus fehlgeleiteter Eifersucht zwei Leben ruiniert. Doch die Wurzel des Übels ist die Gleiche: In beiden Fällen sitzt ein Mensch einer selbst gemachten Illusion auf. Wide Leg Jeans kann ich nicht tragen. Jemandem wie mir bleibt man nicht treu. Wenn wir Glück haben, werden wir eines Besseren belehrt und können unser Weltbild justieren. Sicherer ist es aber, Sie behalten selbst auf dem Radar: Unser Verstand arbeitet nicht hundertprozentig rational. Das Denken, das uns vernunftgeleitet erscheint, ist von alten Erfahrungen eingefärbt, Selbsttäuschungen, Wunschdenken, verzerrten Erinnerungen, Vorurteilen und falsch eingeschätzten Wahrscheinlichkeiten. Auch Manipulationsversuche von außen können im Spiel sein.

»Wir sehen die Welt nicht, wie sie ist. Wir sehen sie, wie wir sind«, hat die Schriftstellerin Anaïs Nin einmal formuliert. Wie Othello werden wir Opfer unserer eigenen Zerrbilder und Fehlannahmen. Menschen neigen zur Kontrollillusion und zum Ingroup Bias, zum Overconfidence Bias, zur eskalierenden Zielbindung und zur Negativitätsverzerrung. Sie sind davon überzeugt, Gefahren im Griff zu haben, halten die eigene Gruppe gern für die fähigste von allen, überschätzen ihren Einfluss, halten an Zielen fest, auch wenn Aufgeben klüger wäre, schenken negativen Reizen mehr Aufmerksamkeit als gleich starken positiven, und falls Ihnen jetzt der Kopf schwirrt, sollten Sie wissen: Das ist erst eine kleine Sammlung der Unsinnigkeiten, die wir uns fälschlicherweise zusammendenken. Sie reicht aber schon, damit wir gewarnt sein sollten.

Vielleicht sind Sie aber auch überzeugt, Ihnen könnte dergleichen nie passieren. Vielleicht haben Sie recht. Vielleicht aber auch nicht. Denn der Witz an Denkfehlern ist, dass wir die eigenen blinden Flecke nicht sehen können. Wir alle könnten der allseits bekannte Mensch sein, der auf der Autobahn die Gefahrenmeldung hört:

»Achtung, auf der A96 kommt Ihnen ein Geisterfahrer entgegen. Fahren Sie bitte vorsichtig, und überholen Sie nicht.«

»Was für ein Unsinn«, empört sich der Mensch. »Ein Geisterfahrer? Da kommen Hunderte!«

Perfiderweise ist die Überzeugung, man neige nicht zu Verzerrungen, ein Denkfehler an sich. Er heißt Blind Spot Bias, und fast niemand ist dagegen immun. Das jedenfalls geht aus einer Untersuchung an der Stanford University hervor. 510 von 600 Teilnehmern glaubten, objektiver zu urteilen als die meisten anderen. Nur eine einzige Teilnehmerin von 600 befand das Gegenteil.[16] Man muss kein Mathegenie sein, um daraus zu entnehmen: Offensichtlich hält die Mehrheit sich für schlauer, als sie ist. Deshalb tappen sogar Berufsgruppen in Denkfallen, denen wir eine besonders hohe Analysefähigkeit zuschreiben.

- Journalistinnen betonen Nachrichten, die ihre eigene Sichtweise bestätigen.
- Human Resources Manager bewerten Kandidaten positiver, in denen sie eine jüngere Version ihrer selbst zu erkennen glauben.
- Ärzte versteifen sich auf eine Verdachtsdiagnose und sind fortan für gegenteilige Hinweise taub und blind.

Hinter dem Verhalten steckt weder Nachlässigkeit noch böse Absicht. Im Gegenteil. Es gehört zu unserer vererbten psychologischen Grundausstattung, dass wir beim Denken Abkürzungen nehmen. Statt alles systematisch bis ins letzte Detail zu durchdringen, greifen wir gern auf alte Erfahrungen und einfache Erklärungen zurück. Meistens fahren wir damit erstaunlich gut. Nur eben nicht immer. Manchmal kämen wir zu besser abgesicherten Ergebnissen, wenn wir Schnelleinschätzungen kritisch abklopfen würden. Besonders wenn wir von etwas glühend überzeugt sind, kann es sich lohnen, mal kurz gegen die eigene Betrachtung zu argumentieren. Bei Aufbietung aller geistigen Kräfte wäre die Idee nicht weit, dass das Landen eines Jets schwerer sein könnte als gedacht. Es fiele auf, dass die Bewerberin von der Provinzhochschule die Stellenanforderungen am besten erfüllt. Der Verdacht würde erwachen, dass ein Intrigant eine andere Agenda verfolgt als die auf den ersten Blick erkennbare.

Alles weitere folgt daraus von selbst. Ist eine Anfangsvermutung geweckt, ziehen wir ganz automatisch alternative Sichtweisen in Betracht, denken über Wahrscheinlichkeiten nach oder hören uns gegensätzliche Ansichten an. Schließlich sind wir vernünftige Menschen und wollen Fehlurteile und überhastete Entscheidungen vermeiden. Ein vollständigeres, nuanciertes Bild gewinnen wir obendrein.

Egal, wie klug wir sind: Wir geben uns gern vorgefassten Meinungen hin, und das Gehirn macht sich die Arbeit lieber leicht. Deshalb ist es einfach sicherer, wenn Sie nicht unbesehen alles glauben, was Sie denken. Othello und Desdemona hätten in diesem Fall noch lange und glücklich gelebt.

9

TABLE FOR ONE, DINNER FOR TWO

Geht man allein durchs Leben oder durch die Stadt, könnte man meinen, die Welt sei für glückliche Paare, Freundeskreise, junge Eltern und fröhliche Familien gemacht. Das Schwimmbad lockt mit Familienkarten, zu zweit rechnet sich Urlaub günstiger, immer ist jemand zum Reden und Halten da und im Restaurant bekommt man selten den schönsten Platz, wenn die Frage »Für wie viele Personen?« zutage fördert: Jemand tafelt ohne Begleitung. Dinner for one klingt nach einer traurigen Angelegenheit, die nur lustig ist, wenn man vor dem Fernseher darüber lacht, während man gleich zu zweit oder in großer Runde, auf jeden Fall aber nicht allein, das neue Jahr begrüßt.

In Deutschland leben über 22 Millionen Singles. Laut dem Statistischen Bundesamt sind Einpersonenhaushalte die häufigste Haushaltsform. Trotzdem bleibt der Eindruck: In unserer Gesellschaft gilt Alleinsein nicht als Norm, sondern als Ausnahme. Nicht nur Singles, von denen laut dem Statistikportal Statista mehr als drei Viertel lieber zu zweit wären, empfinden es so.[17] Auch Familienmenschen fühlen sich oft seltsam verloren, wenn mal kein Anhang um sie herum ist. »Du weißt zur Stunde ihn an fernem Ort«, heißt es treffend in einem Gedicht von Reiner Kunze. »Mit dem Verstand begreifst du seine Ferne. Es liegen zwischen dir und ihm ein Himmel Sonne und ein Himmel Sterne. Und doch trittst du ans Fenster immerfort.« Normalität, so sitzt es fest in den Köpfen, geht damit einher, Teil eines Paares zu sein. Oder einer Familie. Ist es anders, und sei es auch nur vorübergehend, dann fehlt etwas.

In Papua-Neuguinea gibt es ein Wort, das der Sache nahekommt: Es heißt »Awumbuk« und beschreibt das Gefühl der Leere, das nach Besuchen und Begegnungen zurückbleibt. Ein vergleichbares Gefühl macht sich breit, wenn der gewohnte Kreis der liebsten Menschen einmal fehlt. Selbst ein temporäres Alleinsein kann also Verlassenheitsgefühle auslösen. Diese Erfahrung kollidiert zwar mit unserem Selbstbild vom freien, autarken Individuum. Andererseits ist das Leben zu zweit und mehr schön, sogar wunderschön, und ich würde es nie anders haben wollen.

Wer auch gut allein sein kann, ist dennoch besser dran. Nicht nur Singles profitieren davon, gern für sich zu sein. Auch Paare sollten ohne einander können, wenn sie sich nicht gegenseitig mit Erwartungen überfordern wollen. »Der Grundstein der wahren Liebe ist das glückliche Alleinsein«, sagt der britische Philosoph Alain de Botton. Das heißt im Umkehrschluss: Das Beziehungsglück wäre schal, wenn wir uns darüber selbst verlieren. Die besten Beziehungen sind die zwischen eigenständigen und unabhängigen Partnern.

Allerdings ist es nicht selbstverständlich, dass man mit sich allein und ohne Außenreize gut zurechtkommt. Bevor Sie in einem solchen Fall Trübsal blasen (oder direkt zum Handy greifen), versuchen Sie es doch mal mit einem Satz, den ich mir bei Julia, einer ehemaligen Kollegin, abgehört habe. Er ist so schön paradox, dass er sofort die Laune hebt, wenn man dieses leichte »Awumbuk«-Gefühl hat: »Table for one, dinner for two.« Julia meinte damit nicht, dass sie im Restaurant stets für zwei bestellt. Dafür ist sie viel zu diszipliniert. Sondern dass sie es sich allein unterwegs erst recht gut gehen lässt. Auch kulinarisch. Aber nicht nur.

Ich finde, der Satz betrifft nicht nur Alleinlebende. Auch an Verliebte, Verpartnerte und Verheiratete sendet er das Signal: Wir sind auch solo vollständig. Das Leben hat nicht nur eine Bedeutung dank der Menschen, mit denen wir es teilen dürfen. Deshalb gibt es absolut keinen Grund, dass wir uns billig abspeisen, nur weil sich dies, das oder jenes für eine einzelne Person vermeintlich nicht lohnt. Es kann hilfreich sein, wenn wir uns das ab und zu vor Augen führen, und zwar unabhängig vom aktuellen Beziehungsstatus.

Ob Single oder Teil eines Paars, das meiste kriegen wir im 21. Jahrhundert ziemlich gut selbst geregelt. Wir brauchen keinen Partner, der uns versorgt, und keine Partnerin, die für uns kocht. Allerdings hat uns die Evolution den Wunsch nach Nähe eingepflanzt. Von klein auf wollen wir beliebt und geliebt sein. Deshalb kommt sich, wer allein lebt oder auch nur allein verreist, in der Welt der Paare und Gruppen schnell ein bisschen als Alien vor. Denn der Lebensstil der über 22 Millionen Alleinlebenden in Deutschland ist zwar akzeptiert. Trotzdem ist das Klischee, einer sei weniger wert als zwei, nicht kaputt zu kriegen. Wohl jeder Single kennt Sprüche wie »Du bist doch attraktiv« oder »Hast du es mal mit Onlinedating probiert?«. Die Psychologin Paola Calderón Godin von der Universidad Iberoamericana erklärt, woher diese Denkart rührt: »Die Tatsache, dass man einen Partner hat, impliziert, dass man ein Haus kauft, eine Familie gründet und eine produktivere Person wird, die als stabiler wahrgenommen wird, obwohl wir wissen, dass dies nicht unbedingt der Fall ist.«[18] Die Analyse klingt wie aus der Zeit gefallen. Ist sie aber nicht.

Selbst Millennials erfasst irgendwann das Gefühl, solo nur eine halbe Portion zu sein. Jedenfalls in den Augen der anderen. In aller Deutlichkeit führt dies die US-Serie *Fleishman is in Trouble* vor. Das Drama erzählt von einer Gruppe von Freunden in New York und ihren Versuchen, das Leben so erfolgreich zu führen, wie sie es von sich erwarten. Ganz klar gehört dazu ab einem gewissen Alter der dringende Wunsch nach einer festen Beziehung. »Ich hätte gern ein Zuhause. Ich würde gern zu jemandem gehören«, sagt Seth. Bis vor Kurzem war der Investmentbanker noch überzeugter Single. Doch jetzt, mit Anfang 40, will er nicht mehr darüber nachdenken müssen, wer ihn an Thanksgiving zum Essen einlädt. Zwar hat er Einladungen genug. Sie setzen aber voraus, »dass ich eine Bereicherung bin. Weißt du, was ich meine? Das ist etwas anderes, als einfach irgendwo dazuzugehören. Es gibt in meinem Leben keine Einladung ohne Bedingungen.«

Erscheint es mir nur so oder stimmt es tatsächlich? Zeit zu zweit, mit Familie, Freundinnen und Freunden gilt tendenziell als begehrenswerter als Zeit allein. Für diese These habe ich keine Beweise. Doch ein paar Zahlen untermauern den Eindruck: Bei Millennials steht die Ehe nicht nur hoch im Kurs, sie setzt dem Lebensentwurf die Krone auf. Schlussstein-Ehen nennt Andrew Cherlin, Soziologe an der Johns Hopkins University, das Phänomen: »Für viele Paare ist die Ehe etwas, was man tut, wenn man den Rest seines persönlichen Lebens geordnet hat.«[19] Deshalb dauert es noch ein bisschen, aber über kurz oder lang werden 80 Prozent der zwischen 1981 und 1996 Geborenen Ehen geschlossen und Familien gegründet haben. Laut der Forscherin Stephanie Coontz wird der Anteil der verheirateten Paare dann genauso hoch sein wie vor 50 Jahren. Noch entschlossener geht es die Generation Z an. Eine Jugendstudie in Österreich zeigt: Die Mehrheit der befragten 16- bis 25-Jährigen will lieber früher als später heiraten und Kinder kriegen. Offensichtlich gehört die zweite Hälfte wie ehedem zum vollkommenen Glück dazu. Und genauso verhalten wir uns auch.

Machen wir es noch einmal am Essen fest. Wie wenig anderes sind Mahlzeiten der Schauplatz von Zweisamkeit und Familienglück. Ob Frühstück im Bett, Kaffeetafel oder romantisches Dinner, mit einem schön gekochten Essen verbinden sich unweigerlich Bilder von gut gelaunten, redenden, lachenden Menschen. Nicht umsonst heißt es, dass die Liebe durch den Magen geht. Man bekocht einander, tafelt gemeinsam gesünder und speist achtsamer. Bei Menschenaffen, das zeigen Forschungen am Max-Planck-Institut für Evolutionäre Anthropologie, steigt sogar das Kuschelhormon Oxytocin an, wenn sie ihre Nahrung teilen. Lebt jemand hingegen von Wodka, Käseresten und Müsli, wie Renée Zellweger im Filmklassiker *Bridget Jones*, schon ist die Meinung fertig: So isst jemand, der allein ist oder allein zu Hause.

Die Einschätzung trieft von Vorurteilen. Trotzdem enthält sie einen Schuss Wahrheit. Ich kenne es ja von mir selbst: Kaum fehlt es mir beim Essen an Gesellschaft, ist es aus mit den sorgfältig zelebrierten Mahlzeiten. Stattdessen gibt es irgendetwas Schnelles aus dem Kühlschrank, gern auf dem Sofa vor dem Fernseher, bei einer jener Serien, die ich am liebsten allein ansehe. Dagegen ist an sich nichts zu sagen. Sogar die Wissenschaft legt nahe, Essen vor der Glotze bedeute doppeltes Glück, und wann haben wir dazu schon mal Gelegenheit, außer solo zu Haus oder im Hotel?[20]

Doch leider ist Abhängen vor einem wie auch immer gearteten Bildschirm nicht alles. Irgendetwas treibt uns dazu, im Einzelmodus auch sonst die Spartaste zu drücken. Da hat man mal Raum und Zeit für sich, doch der Kamin bleibt genauso kalt wie die Küche, weil man für eine Person den Aufwand scheut. Frische Blumen kommen vorzugsweise auf den Tisch, wenn wieder alle beisammen sind. Die Jeans mit den Ölflecken geht noch mal, weil es ja außer einem selbst niemand sieht. In die spannende Ausstellung geht man lieber zu zweit. Die Fensterreiniger werden bestellt, wenn die Familie ausgeflogen ist, klar, die gemeinsame Zeit wäre für Putzaktionen zu schade. Das alles ist praktisch gedacht. Es hat aber Folgen. Wenn wir es versäumen, die eigene Zeit angenehm zu gestalten, empfinden wir sie als frustrierend. Unser Gehirn konstruiert daraus: Alleinsein ist beknackt.

Dabei könnten sich die Phasen und Zeiten nur in der eigenen Gesellschaft fantastisch anfühlen. Das Zukunftsinstitut benennt das Potenzial: »›Allein‹ ist heute nicht mehr gleichbedeutend mit einsam, sondern auch mit selbstbestimmt, unabhängig und frei.« Um die positiven Effekte des Für-sich-Seins zu nutzen, müssen wir allerdings etwas tun. Das kann schwerer sein, als es klingt. Denn wenn Sie allein sind, und sei es nur einen Abend lang, kann es gut sein, dass Ihnen gefühlt etwas fehlt: die geliebten Menschen, die vertrauten Rhythmen, die gewohnte Struktur, der Alltagskram, der keine Nachdenklichkeit zulässt. In dieser Stimmung ist die Wahrscheinlichkeit groß, dass man die kostbare Me-Time vertrödelt oder mit ungeliebten Pflichten ausfüllt.

Der Gedanke »Table for one, dinner for two!« funktioniert in solchen Situationen wie ein Weckruf. Warum bestellen wir nicht einfach beim Universum, was das Alleinsein genussvoll macht? Bei rechter Betrachtung steht uns dafür eine Auswahl zur Verfügung wie im China-Restaurant. Ausschlafen, lang frühstücken, Sport machen, malen, die Möbel verrücken, den eigenen Gedanken nachhängen, essen gehen, die Rosen schneiden, sich vernetzen, auf Gedankenreise gehen, so laut Musik hören, wie man will, vielleicht ein Spaziergang, ein neues Buch, ein Smoothie mit allem Drum und Dran. Wie gesagt, die Möglichkeiten sind unendlich. Hauptsache, die eigenen Bedürfnisse und Interessen rücken ins Zentrum.

Körper und Psyche profitieren davon als Erste. Energie kehrt zurück, die Stimmung erhellt sich, das Selbstbewusstsein blüht auf. Etwas später kommt der wahre Wert der bewusst gestalteten Alleinzeit zum Tragen: Die Erfahrung stellt sich ein, dass Sie sich das Leben auch allein gut einrichten. Oder wie es Georgia O'Keeffe sagte, eine der bekanntesten Künstlerinnen des 20. Jahrhunderts: »I get on pretty well with my own company.« Die Unabhängigkeit, die daraus erwächst, hebt das Lebensgefühl. Denn natürlich ist es neben allem anderen auch wahnsinnig bequem, Teil eines Paares zu sein. Doch auch die tiefste Beziehung kann zu Ende gehen, und einer der Partner ist nicht mehr da. Zurück bleiben im besten Fall die eigene Identität und das Wissen: Ich kann gut solo sein und weiß mit mir allein etwas anzufangen. Auch wenn meine erste Wahl eine andere wäre.

Im letzten Jahr ist die Mutter einer Freundin Witwe geworden. Den ersten Weihnachtsabend danach hat sie bewusst ohne Gesellschaft verbracht. Zum Weihnachtsessen am nächsten Tag ist wie immer die ganze Familie eingeladen. Es duftet nach Gänsebraten, die Kerzen sind angezündet, wie jedes Jahr ist das Haus festlich geschmückt. »Dass du dir das antust, den riesigen Christbaum, nur für dich«, sagt jemand. Kurze Pause. Betretene Stille. Meine Freundin setzt zum Widerspruch an. Ihre Mutter stoppt sie mit einer Handbewegung. »Gerade extra für mich«, sagt sie.

Gerade extra für mich. Da ist sie wieder, die Einstellung »Table for one, dinner for two.« Der Wille, es uns schön zu machen, ist keine Frage des Beziehungsstatus. Wir allein bestimmen, was wir uns selbst wert sein wollen, was wir uns gönnen, nur für uns allein, gerade für uns allein. Ein gutes Essen in eigener Gesellschaft kann dafür ein wunderbarer Anfang sein. Oder wie es in einem Diskussionsbeitrag zu einem Artikel über das Alleinsein heißt: »Nach einem anstrengenden Tag im Büro ist es mein Höchstes, ein paar Muschel-Linguine mit Algenflocken auf die Gabel zu wickeln und dazu meine Lieblingsaufnahme von den Berliner Philharmonikern zu hören. Das ist mein Glücksrezept: Muscheln, Pasta und Karajan.«

Die wichtigste Beziehung ist die, die wir mit uns selbst führen. Zufälligerweise scheinen gerade immer mehr Menschen dieses Prinzip für sich zu entdecken. Die Reservierungsplattform OpenTable meldet: Solorestaurantbesuch liegen im Trend. Weltweit wird eine zunehmende Anzahl von Tischen für »a party of one« reserviert. Auch so ein Ausdruck, der nahelegt, das Alleinsein mal neu und schöner zu denken.

10

WENN DU NICHT BESSER SEIN KANNST ALS DIE KONKURRENZ, DANN ZIEH DICH EINFACH BESSER AN

Der Umsatz der Fashion-Industrie weltweit geht in Richtung 1,8 Billionen Euro.[21] Die gigantische Summe lässt sich nicht damit erklären, dass wir uns etwas anziehen müssen, um uns gegen Sonne, Schnee und Regen zu schützen. Was wir dafür brauchen, hätte nämlich in den meisten Breitengraden leicht in einem Bordcase Platz. Nein. Mit den 15 Kilo Klamotten, die wir in der EU im Schnitt alljährlich kaufen, haben wir anderes im Sinn. Sie sollen den Körper verhüllen, verändern, verschönern, betonen. Mit unseren T-Shirts und Mänteln, Anzügen und Sneakern, Schals und gelegentlichen Abendroben wollen wir uns wohl fühlen, Eindruck machen, Farbe bekennen und der Welt zeigen, wer wir sind.

»Wenn wir denken, dass wir gut aussehen, fühlen wir uns gut«, in diese schlichten Worte fasst es der Modejournalist Colin McDowell in seinem faszinierenden Buch *The Anatomy of Fashion*. Mich persönlich spricht seine Aussage direkt an. Andererseits ist natürlich klar, wir sind hier nicht in Paris oder Rom. Mode zählt zwar auch an Standorten wie Düsseldorf oder München als ernst zu nehmender Wirtschaftsfaktor. Sie fällt uns aber meistens nicht als Erstes ein, wenn es um Kulturgüter geht. Fürs Kulturelle haben wir Goethe und Bach, nicht Prada und Dior, unsere beliebtesten Bekleidungsmarken heißen Adidas und C&A, und immer mehr Menschen ist es egal, was sie anhaben, Hauptsache funktional.

Es kann also gut sein, dass Sie Mode zu oberflächlich, zu wenig nachhaltig oder einfach nur läppisch finden. Deshalb schicke ich mal ausnahmsweise eine Triggerwarnung voraus: Auf den nächsten Seiten geht es um die Sprache von Kleidung und wie sie unser Gehirn beeinflusst. Falls dieses Thema Ihrem Geschmack nicht zusagt, schlage ich Ihnen vor, Sie setzen hier eine Runde aus und wenden sich einem Kapitel zu, dessen Titel eher das Zeug zu Ihrem Lieblingssatz hat. Allen anderen sei schon mal verraten: Geschickt eingesetzt gibt Kleidung Selbstvertrauen, steigert die Performance und macht Sie unverkennbar. Wer will da behaupten, dass Mode nicht wichtig wäre?

Fashion ist eine riesige kreative Branche und Anna Wintour ihre ungekrönte Königin. Seit bald 40 Jahren regiert die Chefredakteurin der amerikanischen *Vogue* die Modewelt, und es heißt, es gebe keine Person, die der gebürtigen Britin in Sachen Trends das Wasser reichen kann. Ihr Wort hat Gewicht, und der Satz über diesem Kapitel ist typisch für ihren Stil: »If you can't be better than the competition just dress better.« Wenn du nicht besser sein kannst als die Konkurrenz, dann zieh dich einfach besser an.

Man kann Wintours Empfehlung falsch, frivol und unernst finden. An einer Tatsache gibt es aber nichts zu rütteln: Kleidung, wie wir sie tragen und kombinieren, sagt etwas über uns aus. Unser Look beeinflusst, wie wir gesehen und erinnert werden. Die Vogue-Chefin ist selbst das beste Beispiel dafür. Bobfrisur, High Heels und Sonnenbrille sind seit Jahrzehnten ihre Markenzeichen. So wie das immer gleiche T-Shirt und die gleiche Hose bei Mark Zuckerberg. Hochgerollte Ärmel, wehendes Jackett und Schultertasche bei Robert Habeck. Schlichte Eleganz, dezente Farben und logofreie Baseballkappen bei den Figuren des Serienhits *Succession* rund um eine superreiche, megamachtgierige Familiendynastie.

Sie merken schon: Ich muss nur grob skizzieren, was jemand trägt, und Ihr Kopfkino kommt in Gang. Wenige Äußerlichkeiten genügen, und wir können ziemlich gut einschätzen, wofür jemand steht und wie jemand tickt. »Wie du kommst gegangen, so wirst du empfangen«, pflegte meine einstige Lateinlehrerin zu sagen, die tagein, tagaus Dutt-Frisur, Strickjacke und auch im Sommer feste Schuhe trug. Natürlich gäbe es, wie über jeden Menschen, noch viel mehr über sie zu erzählen. Aber vermutlich haben Sie Ihre Schlüsse schon gezogen.

Denn Mode wirkt. Sie ist mächtiger, als wir glauben, und da wir uns ja nicht nichts anziehen können, kommen wir dieser Tatsache nicht aus. »Unabhängig davon, ob du ein Mann oder eine Frau bist, kann sich die Auswahl deiner Kleidung sowohl auf dein eigenes Selbstbild als auch auf den Eindruck, den du auf andere hast, sowie auf das

Verhalten, das dir andere gegenüber zeigen, auswirken«, heißt es in einem Artikel über Modepsychologie auf dem Blog *Gedankenwelt.* »Kleidung kann alles beeinflussen, vom Ergebnis eines Fußballspiels bis hin zur Beurteilung, die ein Personaler über deine Arbeitsfähigkeit trifft.«

Kleidung ist also weit mehr als Stoff auf unserer Haut. Was wir tragen, kommuniziert unsere Persönlichkeit, unsere Werte, unsere Ambitionen und oft auch unsere Tagesform. Mode und Styling geben uns die Möglichkeit, uns wohl, stark und zugehörig zu fühlen, und wer darauf verzichtet, ist selbst daran schuld. Zumal sich heute niemand mehr verkleiden muss, um Kleidung strategisch einzusetzen. Was wir tragen, unterliegt immer weniger steifen Dresscodes und schnelllebigen Trends. Vielleicht erinnern Sie sich noch dunkel, als Hillary Clinton zur ersten weiblichen Senatorin von New York gewählt wurde. Ihr Dank galt damals unter anderem ihren schwarzen Anzügen: »And 62 counties, sixteen months, three debates, two opponents, and six black pantsuits later, because of you, here we are.«

Ein Vierteljahrhundert später haben sich die Codes verändert. Blazer, Pumps und Helmfrisur beziehungsweise Anzug, Krawatte und Budapester wirken nicht nur angestaubt. Sie gelten mancherorts sogar als unerwünscht. »Es ist an der Zeit, die Vorstandsetagen und damit die Hierarchien in den Konzernen zu entmystifizieren«, fordert Telekom-Chef Tim Höttges. »Oftmals entstehen Macht und Ansehen allein durch die Kleidung.« Allerdings macht die neue Lockerheit die Sache keineswegs einfacher.

Auch wenn scheinbar alles geht, gibt es zwischen einem Schlabbersweatshirt und einem weich fallenden Kaschmirpullover einen Unterschied. Ein schwarzes Rundhals-Shirt in Bioqualität und ohne Aufdruck signalisiert unter Umständen mehr Erfolg als ein schlecht sitzendes Sakko. Und es braucht gute Beratung, um in einem schwingenden beigen Rock und einer kragenlosen weißen Bluse so viel Kompetenz auszustrahlen wie früher im signalfarbenen Blazer, nur zeitgemäßer. Im Beruf und in den sozialen Medien gehört die Frage »Wie will ich wirken?« deshalb zum Geschäft. Denn Leistung kommt erst richtig zur Geltung, wenn schon der optische Eindruck überzeugt.

Lehrerinnen und Lehrer sind sicherlich keine Berufsgruppe, die für ihren Hang zu Äußerlichkeiten bekannt ist. Trotzdem schließen auch sie unbewusst aus dem ersten Eindruck auf den großen Rest. Das geht aus einer Studie der amerikanischen Wissenschaftlerinnen Dorothy Behling und Elizabeth Williams hervor. Die Wissenschaftlerinnen legten Lehrkräften Fotos von Schülerinnen und Schülern in Schulkleidung, im Freizeit-Look und in Kapuzensweatshirts mit tief sitzenden Jeans vor. Vermutlich ahnen Sie das Ergebnis: Durch die Bank hielten die Lehrkräfte die brav gekleideten Teenies für fähiger als Jugendliche im Freizeit-Outfit. Am wenigsten trauten sie Schülerinnen und Schüler im Hoodie-Look zu.[22]

Die Studie erinnert mich daran, als ich zwölf oder 13 war. Damals wollte ich nichts dringender als eine Frisur wie Ali MacGraw in *Love Story* und Levi's-Jeans wie die Trendsetterinnen in meiner Klasse. Irgendwann später hatte ich beides und stellte fest: Der ersehnte Look stieß im Kleinstadtumfeld nicht überall auf Gegenliebe. Am allerwenigsten bei meiner Lateinlehrerin, der Sie ja in diesem Kapitel schon begegnet sind. »Wenn deine Vokabeln sitzen würden wie deine Jeans …«, kommentierte sie vor der Klasse, als dergleichen noch gang und gäbe war. Ich tat gleichgültig und lernte fürs Leben: Es reicht nicht, dass man sich in dem, was man trägt, super fühlt.

Kleidung, schrieb Virginia Woolf, eine der einflussreichsten Autorinnen des vorigen Jahrhunderts, ändert unseren Blick auf die Welt und den Blick der Welt auf uns. Das wirklich perfekte Outfit ist deshalb immer auch wie ein Werkzeug zu sehen. Es zollt dem Anlass und der Situation Tribut. Das kann an einem Tag tatsächlich die Jeans sein, in der man sich fabelhaft fühlt, am nächsten Tag aber etwas Klassisches, Seriöses und am übernächsten ein Look, mit dem man nicht aus der Masse heraussticht. Was stimmig ist und passt, hängt von unterschiedlichen Faktoren ab: Ihr Platz im Leben spielt dabei eine Rolle, die Branche, in der Sie unterwegs sind, Ihre Werte, die Kultur, in der Sie sich bewegen, Ihre Beziehung zu den Menschen, denen Sie begegnen, und selbstverständlich das Wetter, der Geschmack und der Körpertyp. Auch der Wunsch, Zugehörigkeit zu finden, Sicherheit auszustrahlen oder die eigene Position zu stärken, können Einfluss auf die Kleiderwahl haben. Es gilt also viele Faktoren auszutarieren, wenn man Mode strategisch einsetzen möchte. In solchen Fällen ist es immer eine gute Idee, die beabsichtigte Botschaft entscheiden zu lassen.

Neulich hat eine Fachärztin im Bekanntenkreis ihre erste eigene Praxis übernommen. Vor dem Neustart war auch zeitgemäße Berufskleidung ein großes Thema für sie. Denn natürlich kannte sie die Studien: Der klassische Arztkittel wirkt kompetenter, eine Kombination aus Shirt und Hose zugänglicher. Letztendlich wählte sie einen Mittelweg: In der Sprechstunde trägt sie wie ihr Team Kasack und Hose. Den weißen Kittel hat sie trotzdem im Schrank: »Die Patienten beruhigt es. Und so seltsam es klingt, im Kittel fühle ich mich konzentrierter.«

Kennen Sie das Gefühl? Manchmal wirken Kleidungsstücke fast wie ein Superhelden-Cape. Man schlüpft in Gummistiefel und setzt beim Frühlingsschnitt die Schere beherzter an. Man trägt zum Vortrag Sneaker statt Pumps und fühlt sich direkt besser geerdet. Man zieht zu Hause die ausgeleierten Lauftights an und macht zwischendurch ganz von selbst ein paar Dehnübungen oder Knieheber. Dass Kleidungsstücke durch ihre symbolische Bedeutung oder das Gefühl beim Tragen das Mindset beeinflussen können, bilden wir uns nicht ein. Wir fühlen und verhalten uns tatsächlich professioneller, zupackender oder sportlicher oder wahlweise ruhiger, lässiger oder gewagter, wenn wir entsprechend angezogen sind. Auf die gleiche Art beeinflussen übrigens auch Accessoires das Selbst. Kürzlich habe ich mich in einem neu eröffneten Brillenladen umgesehen. Die Modelle tragen dort sprechende Namen wie The Delight, The Calm, The Voyager und eben auch The Author. Völlig klar, nach welchem Gestell ich als Erstes griff. Unwillkürlich sah ich mich mit The Author auf der Nase so unfassbar inspiriert im Schreibfluss vor mir, wie es im wahren Leben nie funktioniert. Dabei trage ich beim Schreiben nicht mal eine Brille.

Die amerikanischen Sozialpsychologen Hajo Adam und Adam D. Galinsky haben für das Phänomen den Begriff »Enclothed cognition« geprägt.[23] Das bedeutet: Die Kleidung, die wir uns überziehen, beeinflusst kognitive Prozesse wie unsere Konzentration, Kreativität oder unseren Glauben an uns selbst. Sogar auf die fünf großen Persönlichkeitseigenschaften Gewissenhaftigkeit, Umgänglichkeit, Offenheit, Extraversion und Neurotizismus können Sie durch Ihr Styling einwirken. Angenommen, Sie wären gern weniger distanziert. Dann mildern Sie die Rüstung aus dunkler Brille, formeller Jacke und kantigen Schnitten einfach ein wenig ab. In fließenden Stoffen und abgeschwächten Farbtönen fühlen Sie sich durchlässiger, empfindsamer und anderen Menschen näher. Das Gleiche können Sie mit jeder beliebigen anderen Persönlichkeitseigenschaft probieren. Wer weniger chaotisch sein möchte, steuert sich mit klaren, akkurat gebügelten Kleidungsstücken dorthin. Und wer bedauert, dass der Alltag in letzter Zeit in sehr eingefahrenen Bahnen verläuft, braucht nicht den vierten grauen Pulli. Mehr Farbe ins Leben bringt ein Kleidungsstück, das aus dem Rahmen des Üblichen fällt.

Um von der therapeutischen Wirkung von »Enclothed Cognition« zu profitieren, müssen Sie sich weder neu einkleiden noch Ihren Stil komplett verändern. Probieren Sie einfach ein bisschen herum, die verschiedenen Elemente Ihrer Outfits zueinander in Beziehung zu setzen. Von welcher Persönlichkeitseigenschaft brauchen Sie gerade etwas mehr? Davon hängt ab, ob Sie einen Look um luftige oder panzerartige Elemente ergänzen, ob Sie ein Hemd locker oder korrekt stylen, ob Sie mehr Schmuck tragen oder weniger. Manchmal genügt es schon, bei ansonsten gleichem Look ein Strickteil gegen etwas aus Leder oder Denim zu tauschen (oder umgekehrt, je nachdem), um sich unschlagbar zu fühlen. Die gedankliche Arbeit dafür hält sich in Grenzen. Hat man nämlich die Sprache der Mode erst mal durchschaut, wird das Mischen der Materialien, Farben und Formen zum Kinderspiel. In kurzer Zeit kommen immer mehr Kombinationen zusammen. Sie müssen im Bedarfsfall nur zugreifen.

»Get up, get dressed«, sagen die Briten. Das klingt nicht nach oberflächlicher Gefallsucht, sondern nach Selbstermächtigung und Rückgrat. Was Sie tragen, kann eine klare Ansage sein. Es verändert nicht nur, wie stark (oder gut oder zugehörig) Sie wirken, sondern auch wie stark (oder gut oder zugehörig) Sie sich fühlen. Schon dafür lohnt es sich, ein paar Gedanken auf die eigene Aufmachung zu verschwenden.

11

DEINE FIRMA LIEGT NICHT NACHTS WACH UND DENKT AN DICH

Schnee lag in der Luft. Ich streifte in Wien durch das Spittelberg-Viertel, verlor mich zwischen schmalen Gassen und Biedermeierhäusern, und mein Kopf war so frei wie lange nicht mehr. Dann, schlagartig, erfasste ein Plakataufsteller meine Aufmerksamkeit. Was darauf in bunten Buchstaben stand, war zu gut, um daran vorbeizugehen: »Deine Firma liegt nicht nachts wach und denkt an dich.« Wow, die können Sprache, die Österreicher, denke ich, und weiß noch im gleichen Augenblick: Der Satz hat mir noch gefehlt, für dieses Buch und als Instant-Therapie gegen Selbstausbeutung, und Ihnen vielleicht auch. Denn wenn der Beruf das Leben aufzufressen droht, brauchen wir eines am dringendsten: eine gesunde, heitere Distanz dazu. Erst recht, wenn wir unseren Job bei allem Stress sehr gern mögen.

Jan hört beim Abendessen mit der Familie nur mit halbem Ohr zu, im Geist feilt er an einem Prozess, der der Arbeitsüberlastung in seiner Kanzlei entgegenwirkt. Lisa spielt auf dem Crosstrainer gedanklich die morgige Verhandlung durch, irgendwie hakt die Argumentation, sie weiß nur nicht, woran. Jennifer grübelt nachts um vier, wie sie Unmögliches möglich machen und den Sonderwunsch einer Kundin erfüllen kann. Jakob arbeitet mittags durch, der Forschungsartikel, an dem er schreibt, muss vor Mitternacht eingereicht sein. Abwesend nickt er, als eine Kollegin ihm einen Smoothie neben das Notebook stellt.

Die vier sind Steuerberater, Automanagerin, Raumausstatterin, Unimitarbeiter. Sie haben Erfahrung, verstehen ihren Job und sind sicher keine Workaholics. Zwei von ihnen haben für sich die Viertagewoche schon verwirklicht. Alle verdienen gut, aber keine Vermögen. Niemand von ihnen verantwortet ein Millionenbudget oder arbeitet in einem Beruf, in dem jede Sekunde zählt. Trotzdem lassen sie inhaltliche Fragen, Stress und ungelöste Probleme nicht im Büro zurück. Sie nehmen sie mit nach Hause und gelegentlich mit ins Bett. Dort überschatten sie die Zeit mit der Familie, schlagen auf die Laune und stören Erholung und Schlaf.

Dabei ist es nicht so, dass Berufstätige die Folgen ausufernder Arbeit verkennen. Laut einer Studienreihe der Personaldienstleisters ManpowerGroup wünschen sich von Jahr zu Jahr mehr Arbeitnehmende nichts dringender, als nach Feierabend besser abschalten zu können. Die Mittel dafür kennen wir alle: Bewegung, Meditieren und eine halbe Stunde Mittagsschlaf helfen beim Runterkommen. Netflix und Gaming eher nicht. Allerdings, und das ist ein Knackpunkt, bekämpfen Entspannungstechniken nur die Symptome. Sie packen das Problem nicht bei der

Wurzel. Sie ändern nichts an der Tatsache, dass uns der Job oft mehr beansprucht, als gut für uns ist. Wobei ich manchmal überhaupt nicht weiß, warum das so ist.

Denn so gewaltig die Unterschiede zwischen den Berufen auch sind, pauschal lässt sich sagen: Für einen immer höheren Prozentsatz von Menschen sind die Zeiten vorbei, in denen Arbeit körperliche Plackerei oder monotone Mühsal bedeutete, wo Gleitzeit ein Fremdwort war und Homeoffice undenkbar. Als Chefs kontrollierten und Chefinnen in den meisten Berufen nicht vorkamen. Verglichen damit präsentiert sich die moderne Jobwelt als Lifestyle, mit spannenden Projekten, Freiräumen und Hierarchien, die kaum spürbar sind. Auch dass Talente neben dem Job noch ein Leben haben, hat sich in den Firmen herumgesprochen. »Sag's frei raus«, lese ich in einem XING-Newsletter an potenzielle Jobwechsler. »Was willst du? Was suchst du? Was brauchst du?«

Steht man schon etwas länger im Arbeitsleben, drängt sich bei so viel Empathie im Recruiting die Frage auf: Wie kann dabei noch Stress aufkommen? Weshalb fühlen sich qualifizierte, reflektierte Menschen überreizt, denen alle Türen einladend offen stehen? Warum haben sich die Arbeitsunfähigkeitstage wegen Burn-out innerhalb von zehn Jahren mehr als verdoppelt? Die Journalistin Susanne Arndt liefert in einem Artikel die Antwort: »gearbeitet wird schneller, länger, immer – bitte gern auch am Wochenende und am Abend, zumindest mental«.[24]

Wenn das, wie in den meisten Familien, zwei Elternteile tun, wenn Formalien, Technostress, Abstimmungsprozesse und Deadlines an den Nerven zerren, wird alles zusammen trotz attraktiver Bedingungen schnell mal zu viel. Die Arbeit nimmt uns gefangen, und genau das ist unser Dilemma. Unser Job fesselt uns – und zwar im doppelten Wortsinn.

Einerseits legt er uns an die Kette, mit den zeitlichen und mentalen Anforderungen, die er an uns stellt. Er verlangt uns Produktivität und Professionalität ab, auch wenn draußen die Sonne scheint, sogar wenn zu Hause der Hund aus ungeklärten Gründen nicht frisst. Andererseits wartet der Beruf mit lockenden Glücksversprechen und unwiderstehlichen Goodies auf. In ihrem Selbstverständnis stehen Pfleger in der Intensivstation, Staatsanwältinnen oder KI-Entwickler ja nicht schnöde in Lohn und Brot. Die beruflichen Aufgaben gehören für sie zu einem erfüllten, interessanten Leben, und wenn Sie das kurz auf sich selbst übertragen, dann kann ich mir vorstellen: Sie sehen es ähnlich.

Wir können in unseren Berufen gemeinsam mit anderen Sinn finden, Flow erleben, Kräfte messen, Wirkkraft entfalten, Bestätigung einheimsen und Dinge machen, in denen wir gut sind. Der Job definiert in hohem Maß, wer wir sind und wie wir wahrgenommen werden. Von der Karriere hängen Identität und Status ab, und egal, wie viel wir privat auf die Beine stellen, gilt die Frage »Was machst du so?« in der Regel den beruflichen Projekten.

Bei alledem ist uns natürlich klar: Die wenigsten von uns werden durch Arbeit reich, berühmt, der nächste Bill Gates oder die jüngste Abgeordnete im Parlament. Trotzdem hängt so viel vom Berufserfolg ab, dass wir oft freiwillig mehr geben, als wir müssten. Wir machen Überstunden (je mehr jemand verdient, desto mehr), springen für Kolleginnen und Kollegen ein, beantworten auf dem Spielplatz die E-Mails, sind auch im Café für die Chefin erreichbar, schalten zu selten ab und schauen nie so genau auf die Uhr. So jedenfalls war es bis vor Kurzem für viele der Standard. Dann kam die Generation Z und stellte alles infrage.

Seine Schwestern steigen steil auf. Julian hingegen schlägt innerhalb eines Jahres schon zum zweiten Mal das Angebot für eine Führungsposition aus. Er sagt auch ohne Umschweife, warum: »Ich will keinen Beruf, der mich abends verfolgt.« Seine Eltern, beide Boomer im Hamsterrad, wissen damit wenig anzufangen. Ausgerechnet Julian, der sich schon mit dreißig einen Namen auf seinem Gebiet gemacht hat. Natürlich leuchtet ihnen ein, dass er für seine junge Familie da sein will. Aber dass ihm seine Ski-, Berg- und Radtouren mehr bedeuten als Karriere und Führung, widerspricht allem, worauf sie gepolt sind.

Wie keine Altersklasse vor ihr räumt die Generation Z das Lebensmodell »Erst die Arbeit, dann der Rest« ab. Für alle, die vor der Erfindung des World Wide Web geboren sind, kann das durchaus bitter sein. Urplötzlich wirken Erfolgsregeln wie Einsatz, Leistung und Anwesenheit wie aus der Welt gefallen. Stattdessen fordern Jüngere mit ihrer Marktmacht ein, was Ältere sich zu denken verboten, damals, als sie die Neuen am Arbeitsmarkt waren:

- Wie viel Job tut mir gut?
- Wie setze ich meine Lebenszeit sinnvoll ein?
- Wofür will ich außerdem einen freien Kopf und Energie haben?
- Und vor allem und sehr vernünftig: Kann man das nicht digitalisieren?

An diesen Überlegungen ist nichts faul. Im Gegenteil: Sie anzustellen, macht in jeder Lebensphase Sinn. Zumal mehr Sorge ums eigene Wohl ja nur den fairen Ausgleich herstellt. Denn wie gesagt: »Deine Firma liegt nicht nachts wach und denkt an dich.« Warum also sollte es umgekehrt anders sein? Eben. Gut auf sich zu achten, weniger Mehrarbeit und mehr Zeit, sich um das zu kümmern, worum man sich auch gern kümmern würde, wären nicht nur angenehmer, sondern oft auch effektiver.

»Es ist nie zu spät, das zu werden, was man hätte sein können«, befand die britische Schriftstellerin George Eliot, die manchen als weiblicher Shakespeare gilt. Es ist nur manchmal nicht ganz einfach, über eingelernte Muster hinauszuwachsen, schon gar nicht, wenn die beruflichen Herausforderungen reizen, die Arbeit sich nicht von selbst erledigt und die Firma mit einem rechnet. Sie wissen schon, jene Firma, die sich nicht schlaflos wälzt und an Sie denkt … Wahlweise können Sie an dieser Stelle übrigens auch »meine Chefin« einsetzen, »meine Mandanten«, »meine Kundschaft« oder was sonst für Sie passt. Denn das neue Mantra entfaltet seine Wirkung am besten, wenn es Ihnen wie ein Ohrwurm im Kopf herumgeht. Das Zeug dazu hat es jedenfalls. Mit seinem Rhythmus und seiner eingängigen Botschaft ist es schleifenfähig. Das heißt: Es springt im Kopf an, ohne dass Sie es bewusst steuern. Deshalb stehen die Chancen gut, dass es zur Stelle ist, wenn Sie es brauchen.

Jemand will Ihnen ein undankbares Projekt aufdrücken? Ehe Sie sich zum »Ja« hinreißen lassen, hält Ihre innere Stimme Sie von der vorschnellen Zusage ab: »Die Kollegin liegt nicht nachts wach …«. Die kleine Erinnerung erleichtert die Entscheidung, von der Sie wissen, dass sie zurzeit die einzig richtige ist: Danke, aber nein danke. Oder: Der Gedanke an die Workload raubt Ihnen den Schlaf. Wenn das Gehirn rotiert und die Sorgen unlösbar scheinen, rückt die neue Botschaft an Sie selbst sanft die Perspektive zurecht. Denn Ihr Unternehmen kann zu den besten Arbeitgebern des Landes zählen. Es wälzt sich aber sicher nicht von links nach rechts, grübelt, was morgen schlecht laufen könnte, nimmt einen Schluck Wasser, liest ein paar Seiten, notiert einen Einfall, dreht die Bettdecke um, und noch immer ist an Schlaf nicht zu denken.

Verstehen Sie mich nicht falsch. Ich will keinesfalls sagen, dass Arbeit eine Tätigkeit ist, die man am besten mit dem geringstmöglichen Aufwand erledigt. Es ist ein großes Glück, wenn Ihre beruflichen Aufgaben Ihnen Sinn und Richtung geben. Wenn Sie daran wachsen, Ziele zu verfolgen, oder es Sie tief erfüllt, sich für etwas einzusetzen, das Ihnen am Herzen liegt. Doch auch Arbeit, die Sinn oder Spaß macht, ist Arbeit. Sie befriedigt nicht nur, oft kostet sie Kraft, beunruhigt und beschäftigt uns weit über die Vertragsarbeitszeit hinaus.

Zum guten Leben gehört es deshalb, bisweilen vom Job ganz gezielt Abstand zu nehmen. Dafür müssen Sie Ihr Arbeitsethos nicht absenken. Beschließen Sie einfach, dass Sie die Firmeninteressen und Erwartungen von Vorgesetzten, die anstehenden To-dos, Kundenwünsche und Bedürfnisse des Teams nicht über alles stellen. Sondern daneben, dazwischen und auch mal darunter.

Den Hang zur Gründlichkeit (»Was ich mache, mache ich richtig«) werden Sie deshalb vermutlich nicht umgehend los. »Meine Firma liegt nicht nachts wach« ist aber ein starker Gegenspieler. Der neue Satz hält Ihnen den Spiegel vor, wenn die Arbeit lockt wie die Sirenen einst Odysseus. Muss es wirklich sein, dass Sie wegen einer kurzfristig angesetzten Projektbesprechung nicht loskommen wie versprochen? Macht sich der Erfolg einer Präsentation allen Ernstes daran fest, ob Sie bis nachts um zwei die Slides optimieren? Wollen Sie tatsächlich so sehr in der Arbeit aufgehen, dass für anderes kaum noch Platz bleibt? Während Sie das kurz bedenken, passiert etwas Grundlegendes: Sie schieben eine winzige Pause zwischen Reiz und Reaktion. Erst dann entscheiden Sie, ob Sie in dieser Sache den Job an oberste Stelle setzen. Oder ob das eine Situation, eine Phase im Jahr ist, wo jetzt mal anderes Vorrang hat: die Beziehung, die Familie, Ihr Wohlbefinden, Ihr Sport, die vielen ungelesenen Bücher, die Sie sich ja vermutlich nicht ohne Grund gekauft haben. Nach und nach gewinnen Sie so eine Haltung, die Ihre Definition von akzeptablem Verhalten verschiebt.

Ganz gleich, wie sehr Ihr Job Sie reizt, die beruflichen Ansprüche zehren. Sie können Ihre Produktivität und Ihre Lebensqualität beeinträchtigen, Ihre Freundlichkeit und Ihre Fähigkeit, das Leben zu genießen. Wenn Sie merken, Sie kommen an Ihr Limit, ist es höchste Zeit für: »Meine Firma liegt nicht nachts wach und denkt an mich.« Der lockere Spruch stellt die Sinnhaftigkeit der gewohnten Impulse infrage. Stattdessen bringt er Sie auf

Gedanken, die Sie sich ruhig öfter leisten können: Einsatz dosieren, Messlatte niedriger legen, Grenzen setzen, kürzertreten oder wenigstens mal in Ruhe Kaffee trinken. Denn Arbeit kann noch so spannend sein. Wenn sie uns nicht vereinnahmen soll, müssen wir uns gelegentlich vor ihr retten.

12

GUT IST BESSER ALS PERFEKT

Es ist eine sekundenlange Szene in einem sehr langen Film, und wenn Sie James Camerons *Titanic* gesehen haben, erinnern Sie sich bestimmt. Nach dem Untergang des damals größten Schiffs der Welt treibt Rose, gespielt von Kate Winslet, in der eisigen See. Mit leeren Augen starrt sie in die sternenklare Nacht. Abermillionen Zuschauerinnen und Zuschauer fühlen mit ihr, und niemand käme auf die Idee, dass etwas an der Szene falsch sein könnte. Einzig und allein dem US-amerikanischen Astrophysiker Neil deGrasse Tyson fällt auf: Etwas mit der Anordnung der Sterne stimmt nicht. Am 14. April 1912 um 4 Uhr 20 morgens hätte Rose im Nordatlantik einen anderen Himmel gesehen als den im Film gezeigten.

»Ja und?«, könnte man argumentieren. Das Liebespaar Jack und Rose ist erfunden, der Film *Titanic* Fiktion und der Sternenhimmel ein Randdetail. Dem steht entgegen: Der Film setzt historische Fakten in Szene, sein Regisseur James Cameron gilt als besonders detailorientiert, und Neil deGrasse Tyson sparte nicht mit Spott. Wer auch nur ein bisschen perfektionistisch veranlagt ist, ahnt deshalb, was als Nächstes geschah. Cameron ließ sich von Tyson die korrekte Sternenkonstellation schicken und die fehlerhafte Einstellung korrigieren. »Titanic sinkt jetzt unterm richtigen Himmel«, vermeldete damals die Münchener Boulevardzeitung *tz*. Wenn sie sich da mal nicht irrte!

Nichts ist perfekt. Alles lässt sich verbessern. Die Frage ist nur, ob und wann sich der Aufwand lohnt. Beim Sternenhimmel über der Titanic bin ich mir nicht so sicher. Unwillkürlich erinnert mich die Geschichte daran, wie ich an Weihnachten die Lichterkette am Christbaum dreimal neu drapiere, wohl ahnend, dass mein Tun sinnfrei ist. Im Lichterglanz nimmt kein Mensch den Unterschied wahr.

Nun verdient einer der beliebtesten Filme aller Zeiten sicher mehr Genauigkeit als ein Weihnachtsbaum, der zwei Wochen später abgeschmückt wird. Doch Sie merken schon: Perfektionismus hat zwei Seiten. Mal treibt er uns zu Höchstleistungen, mal in den Wahnsinn. Aus genau diesem Grund tun wir uns schwer damit. Denn klar wollen wir unser Bestes geben und in dem, was wir tun, erfolgreich sein. Nur eben ohne Überanstrengung und Versagensangst. Diesen Zielkonflikt aufzulösen, ist nicht einfach. Aber es geht.

Der passende Satz dafür kam mir, als ich mir selbst zu viel aufhalste, in jener Phase des Lebens, in der die wichtigsten Entscheidungen anstehen, die zeitliche Belastung am höchsten ist, und ich spürte, lange geht das so nicht mehr gut. Also tat ich, was ich am liebsten tue, wenn mich ein Thema beschäftigt: Ich machte ein Buch daraus.[25] Ich gab ihm den Titel *Gut ist besser als perfekt*, und wenn daraus ein kleiner Bestseller wurde, lag es daran, dass vielen

Menschen das Gleiche vorschwebte wie mir: nachsichtiger mit sich selbst zu sein, ohne nachlässig zu werden.

Ganz ausgeräumt war für mich das Thema allerdings auch danach nicht. Meine neue Einstellung dämpfte zwar das Bedürfnis, dass alles makellos sein soll. Trotzdem hat sich der Wunsch nach Vollkommenheit nicht in Luft aufgelöst. Bis heute will ich viel, hetze viel, verlange mir viel ab. Nach wie vor habe ich es gern, wenn alles genau so ist, wie ich es mir ausmale. Doch es gibt einen Unterschied: Fast nichts davon bringt mich mehr um den Schlaf. Dafür habe ich zu oft erlebt, dass man auch mit weniger Aufwand gute Ergebnisse erzielt. Weder braucht jede WhatsApp eine sofortige Antwort noch muss man das Pesto selbst anrühren, wenn es schnell gehen soll. Selten macht sich überzeugende Qualität an einem einzelnen Detail fest. Meistens spielen winzige Ungenauigkeiten aufs große Ganze betrachtet keine Rolle. Und selbst wenn ein Fehler passiert, geht die Welt normalerweise nicht unter.

Das ist vielleicht der beste Gradmesser überhaupt: Richtet eine Unvollkommenheit, ein nicht hundertprozentiges Ergebnis, eine arbeitserleichternde Abkürzung einen Schaden an? Das kann vorkommen. Definitiv gibt es Situationen, in denen der Gedanke über diesem Kapitel der falsche wäre. Meistens ist die Goldrandlösung aber ein überzogenes Ideal. Kleine Kostprobe gefällig? Kein Städtetrip scheitert daran, dass man ohne fertigen Tagesplan loszieht. Der Auflauf aus der Küchenzeile vom Baumarkt schmeckt genauso gut wie der aus der Designerküche, die man nur dank Zweitjob finanzieren kann. Bestimmt lebt man nicht kürzer, nur weil man das tägliche Bewegungsziel gelegentlich unterschreitet. Und die

Wissenschaftlerin, die 217 Artikel veröffentlicht hat, ist der Professur zwar näher als der Konkurrent, der nur eine Handvoll Publikationen vorweist. Ob sie allerdings die Kandidatin mit den 50 Aufsätzen ausstechen kann, bleibt schon fraglich.

»Perfekt ist nicht profitabel«, schreibt das Wirtschaftsmagazin *Forbes*.[26] Anders ausgedrückt: Übertriebene Perfektion zahlt sich selten aus. Oft werden das Herzblut, die endlos viele Arbeit, die Überlegungen, die in einem Projekt oder auch nur in der Pausenbox für die Kinder stecken, nicht einmal wahrgenommen. Niemand dankt es uns, wenn wir uns an den Rand des Nervenzusammenbruchs arbeiten. In den meisten Fällen sind gute Ergebnisse gut genug. Ganz selten gewinnen wir mit noch mehr einen Blumentopf.

»Gut ist besser als perfekt« weist den Weg zwischen 120-prozentiger Genauigkeit und Fünf-gerade-sein-Lassen Sie entscheiden von Tag zu Tag, von Augenblick zu Augenblick, wie viel Sie geben wollen. Der jeweils angemessene Aufwand lässt sich nicht beziffern. Es hängt von der Bedeutung der Aufgabe und Ihrer physischen und mentalen Energie ab. Aber wenn Sie in der Summe aller Aktivitäten ungefähr 80 Prozent Ihrer Energie einsetzen, können Sie sicher sein: Sie machen Ihre Sachen gut. Vergleichbares empfahl auch schon Friedrich Nietzsche. Ihm zufolge dürfe ein Werk höchstens mit Dreiviertel der Kraft seines Urhebers hervorgebracht sein, denn alle guten Dinge hätten etwas Lässiges und lägen wie Kühe auf der Wiese. Noch viel bekannter ist die Formel des italienischen Ingenieurs und Ökonomen Vilfredo Pareto (1848–1923) geworden. Nach dem Pareto-Prinzip reichen mickrige 20 Prozent Einsatz, um 80 Prozent des angepeilten Resultats zu erzielen. In der Schule hätten wir dafür eine Zwei bekommen. Nur um Spitzenniveau zu erreichen, müssen alle Register gezogen werden, nämlich bis zu 80 Prozent der insgesamt aufgewendeten Energie.

Ob Pareto mit seiner These immer recht hat, sei dahingestellt. Trotzdem kann das Arbeiten nach der 20/80-Formel für Perfektionistinnen und Perfektionisten die Rettung sein. Sie müssen das Prinzip ja nicht querbeet anwenden. Stattdessen wägen Sie ab: Geht es um Wesentliches wie ein Flugzeug zu fliegen, einen Blinddarm zu operieren, eine lebensentscheidende Verhandlung zu führen, eine statische Berechnung anzustellen, für einen Wettkampf zu trainieren oder ein Familienmitglied gesund zu pflegen, gibt man wie üblich Vollgas oder fast. Alltagskram erledigt man dagegen bevorzugt nach der 20/80-Regel. Fenster putzen, Urlaub planen, Haare stylen, sich fit halten, Christbaum schmücken, Essen mitbringen fürs Straßenfest – nichts davon lohnt, dass man sich deshalb vor Ehrgeiz überschlägt. Wenn das entspannte Herangehen bedeutet, dass die Nachbarin mit dem raffinierteren Salat aufwartet oder die Frisur schon mal besser fiel, dann ist das eben so. Denn die eingesparte Zeit und Kraft lassen sich sinnvoller einsetzen. Sie können sie in Aufgaben investieren, bei denen höchste Qualität und Sorgfalt tatsächlich gerade gut genug sind. Sie können die gewonnenen Stunden aber auch nutzen, um zu genießen und aufzutanken, lange bevor Ihre Energie auf dem Nullpunkt ist.

Wer auch nur ein bisschen ökonomisch denkt, kommt an Pareto nicht vorbei. Die 20/80-Regel lädt praktisch dazu ein, Bereiche zu identifizieren, in denen es auch nicht perfekte Ergebnisse tun. Zugegeben: Weniger zu leisten, als man könnte, muss man erst mal aushalten. Man kann sich aber gut daran gewöhnen. Zur Übung fangen Sie am besten mit etwas Einfachem an. Aufräumen zum Beispiel. Sammeln Sie ein, was herumliegt, schütteln Sie Kissen auf, rücken Sie Stühle und Beistellmöbel gerade, kehren Sie Brösel weg und schauen Sie sich um: Das Ergebnis ist nicht perfekt. Es kann sich aber sehen lassen. Vor allem wenn man bedenkt, dass Sie keine drei Minuten dafür investiert haben. Je öfter diese Erkenntnis in Sie einsickert, desto leichter fühlt sich das Leben an.

Womöglich klingt Ihnen das zu oberflächlich. Vielleicht würden Sie in Ihrem Beruf so nicht arbeiten wollen. Schließlich liegt zwischen Lässigkeit und Nachlässigkeit ein schmaler Grat. Bestimmt haben Sie recht. Erstens können Sie Ihre Situation, Ihre Kräfte, Ihre Werte am besten beurteilen. Und zweitens wäre Bequemlichkeit tatsächlich keine gute Lösung. So stelle ich mir das auch nicht vor. »Gut ist besser als perfekt« ist keine Aufforderung, sich einen lauen Lenz zu machen. Im Gegenteil. Der neue Glaubenssatz lädt Sie ein, gut (nicht nur halbwegs okay) zu sein, in dem, was Sie tun, *und* sich dabei gut zu fühlen.

Beides zusammen kriegen am besten Menschen hin, die auf konstruktive Art perfektionistisch sind. Sie verfolgen ambitionierte Ziele, wissen, was sie können, bringen hohe Leistung, und von außen wirkt es, als gelänge ihnen das alles mit links. Selbst Fehler treiben sie nicht zur Verzweiflung. Sie lernen daraus und haken sie ab. Menschen mit destruktivem Perfektionismus können von so viel Leichtigkeit nur träumen. Bei ihnen geht das Streben nach Glanzleistungen nämlich oft mit negativen Gefühlen einher. In der Psychologie werden sie etwas sperrig als »perfectionist concerns« bezeichnet, also perfektionistische Sorgen. Will heißen: Wenn Menschen sich das Äußerste abverlangen, steht dahinter oft die Angst vor Fehlern, Abwertung oder Kritik. Um nicht dumm auszusehen, sichern sie sich tausendfach ab. Die britisch-irische Autorin Natalie Lue bringt es auf den Punkt: »Perfektionismus ist ein Panzer. Er schützt uns vor Verletzlichkeit und lässt uns glauben, wir hätten die Kontrolle.«[27]

Hanna schleppt diesen Panzer der sorgenvollen Perfektionistin mit sich herum. Eigentlich weist sie dem angesehensten Abschluss von allen im Team vor. Aber keiner bereitet sich so endlos vor, analysiert, feilt und sichert sich ab wie sie. Wann immer es geht, arbeitet sie im Homeoffice, wo sie sich besser konzentrieren kann. Okay, sie ist neu in der Projektgruppe und will dem Ruf gerecht werden, der ihr vorauseilt. Aber die anderen fühlen sich gebremst, wenn sie im Morgen-Meeting die besten Ideen zerredet. »Dabei will ich einfach keine Fehler machen. Jetzt am Anfang muss ich überzeugen.« Ich ahne, dass der Gedanke »Gut ist besser als perfekt« sie im Moment überfordern würde. Deshalb formuliere ich leicht um: »Professionell ist besser als perfekt.« Kurzes Lächeln. Aufmerksamer Blick. Diese Variante des neuen Mottos holt sie ab. Wir reden über Energiefresser, Mikromanagement und Prototyping, also die Methode, ein nicht perfektes, aber schnelles Ergebnis zu liefern und gegebenenfalls auszubauen. Mittendrin sagt Hanna etwas, das zeigt, wie es in ihr arbeitet. »In einem Artikel über Perfektion habe ich gelesen«, wirft sie ein, hält inne und macht es spannend: »›Geh ins Studio, nicht in die Galerie.‹«

Die Metapher trifft ins Schwarze. In der Galerie hängen die Idealbilder. Ihre Perfektion kann einem das Selbstvertrauen schon mal rauben. Vergleicht man die eigenen Bemühungen damit, findet man noch weniger den Mut, Dinge anzupacken, zweifelt noch mehr, dass man den eigenen Vorstellungen gerecht werden kann. Im Arbeitsstudio dagegen darf probiert, gematscht und verworfen werden. Zweifel und Rückschläge gehören dort genauso dazu wie Erfolgserlebnisse und Durchbrüche. Ideen und Entwürfe fügen sich zusammen, Ergebnisse entstehen, und irgendwann sind sie vorzeigbar und im grünen Bereich. Ist diese Stufe erreicht, wird es nochmal spannend. Vernünftige Menschen ziehen nämlich genau jetzt den Schlussstrich. Sie treiben, so hat es Aristoteles gesagt, »die Genauigkeit nicht weiter, als es der Natur der Sache entspricht«. Und das war es dann. Mehr muss nicht sein.

Denn mal ehrlich, was wäre, wenn wir an alles den gleichen Absolutheitsanspruch stellen würden wie an unsere Leistungen? Wenn uns in allen Dingen nur das Beste gut genug wäre? Vermutlich würden wir in diesem Fall nie einen Menschen fürs Leben finden, nie einen Job, der zufrieden macht, kein Hobby, das uns erfüllt, da wir es ja nur dilettantisch beherrschen. Nie könnten Kinder auch nur annähernd den Erwartungen ihrer Eltern gerecht werden. Freundschaften versandeten, weil man sich nicht in allem hundertprozentig versteht. Wir könnten keine Reise genießen, weil auch im Fünfsternehotel nicht jedes Detail von höchster Vollkommenheit zeugt. Und noch weitergedacht: Wie sollen wir Cellulitis, Alter und Krankheit ertragen, wenn wir uns nur perfekt gestylt und in Topform leiden mögen?

»Gut ist besser als perfekt« nimmt den Überdruck aus dem Perfektionismus raus. Von Fall zu Fall handeln Sie mit sich selbst aus, was Ihnen jeweils gut genug ist. Die Maßstäbe dafür wechseln, je nachdem, was in der jeweiligen Situation notwendig, machbar und sinnvoll erscheint. Übertriebener Perfektionismus ist im Vergleich dazu rigide. Angestrebt werden maximale Leistung und vollkommene Makellosigkeit, notfalls um den Preis des Burn-outs. Das spendiert ein Gefühl von Sicherheit. Doch der Eindruck trügt. Auch Perfektionismus garantiert kein perfektes Ergebnis. Die Titanic zum Beispiel sinkt anscheinend bis heute nicht unter dem richtigen Himmel. Glaubt man dem Faktenchecker David A. Osorio, hatte Tyson es versäumt, den Jupiter mitzuschicken, der am Morgen des 14. April 1912 das hellste Objekt am Nachthimmel war. Man kann das als astronomischen Fehler kritisieren. Oder man greift in die Popcorntüte und taucht in die Geschichte der Titanic ab. Die hat nämlich bis heute niemand besser erzählt als James Cameron.

13

DAS SIND KEINE MACKEN, DAS SIND SPECIAL EFFECTS

Kennen Sie Harry und Sally? Die romantische Filmkomödie feiert gerade ihren 35. Geburtstag. Bis heute gilt sie als die schönste Boy-Meets-Girl-Geschichte aller Zeiten. Dabei sah zunächst alles ganz anders aus. Zehn Jahre Freundschaft und viele Zufälle brauchte es nämlich, bis Harry und Sally, dargestellt von Billy Crystal und Meg Ryan, merkten, dass sie füreinander geschaffen sind. Dann, bei einer Silvesterparty, fünf vor zwölf, fasst sich Harry ein Herz: »Ich habe viel nachgedacht. Die Sache ist, ich liebe dich. Ich liebe dich.« Doch es ist zu viel Zeit verstrichen, als dass Sally sich einfach so rumkriegen lässt. »So funktioniert das nicht, Harry«, sagt sie und wendet sich ab. In diesem Moment, zu den einsetzenden Klängen von Auld Lang Syne, findet Harry die Worte, die Filmgeschichte schrieben:

»Ich liebe dich dafür, dass dir kalt ist, wenn draußen 25 Grad sind. Ich liebe dich dafür, dass du anderthalb Stunden brauchst, um ein Sandwich zu bestellen. Ich liebe dich dafür, dass du eine Falte über der Nase kriegst, wenn du mich so ansiehst … Und ich liebe dich auch dafür, dass du der letzte Mensch bist, mit dem ich reden will, bevor ich abends einschlafe. Und das liegt nicht daran, dass ich einsam bin, und das liegt auch nicht daran, dass Silvester ist. Ich verrate dir, warum ich heute Abend hierhergekommen bin: Wenn man begriffen hat, dass man den Rest des Lebens zusammen verbringen will, dann will man, dass der Rest des Lebens so schnell wie möglich beginnt.«[28]

Wunderbarer, finde ich, kann man Liebe nicht erklären. In unserer auf Selbstoptimierung getrimmten Kultur ist es ziemlich kostbar, für die eigenen Macken und Absurditäten geschätzt zu werden. Und deshalb verrate ich Ihnen gegen alle Regeln des spannenden Textaufbaus gleich vorweg: Dieses Kapitel endet mit einer Hymne auf die Eigenheiten, die uns speziell und besonders machen. Bevor wir allerdings dorthin kommen, gilt es erst mal ein paar Vorurteile auszuräumen. Denn eines ist sicher: Nicht jede Macke ist gleich ein atemberaubender Spezialeffekt. Manche Ticks und Verrücktheiten gehen unserer Umwelt auf den Geist. Und wenn wir ehrlich sind: uns selbst manchmal auch.

Wer Rosa kennt, weiß: Über kurz oder lang kommt das Gespräch auf den Schamanismus. Bei Leonie müssen die Lüftungsklappen im Auto symmetrisch eingestellt sein, und wehe jemand rührt daran. Timo kann nicht anders, er muss in jedem Meeting und bei jedem Geburtstag eine Show abziehen. In Oles Büro stapeln sich die Fachmagazine, auf die alle im Team gern noch in diesem Leben Zugriff hätten. Jürgen kocht göttlich, schickt aber jedem servierten Gericht einen Fachvortrag voraus. Alena bestellt im Restaurant das Essen dreimal um, nur um am Ende doch nicht zufrieden zu sein. Sophie rechnet penibel jede Rechnung nach. Und wetten, Leonard findet auch in diesem Jahr einen Grund, warum er kein Ferienhaus zu zwölft mieten will.

Menschliche Macken kommen so vielfältig wie das Leben daher. Charakteristische Gesten und Gesichtsausdrücke gehören dazu, eigenwillige Gewohnheiten, abergläubische Ticks, ausgefallene Interessen, ungewöhnliche Verhaltensweisen und zu oft gehörte Floskeln. Manche von ihnen sind liebenswert, andere wirken anstrengend, obsessiv oder irgendwie aus der Zeit gefallen. Alle haben die Eigenheit, sich zu wiederholen.

Vor allem, wenn man einen Menschen schon lange kennt, würde man daher seine Marotten gern mal überspringen. Ungefähr wie den Vorspann einer Serie, die man schon eine Weile lang schaut. Irgendwann weiß man, was kommt, und fragt sich, warum kann der oder die andere es nicht einfach mal lassen. Die Antwort darauf liefert die Psychologin Fanny Jiménez, die in *Ich und mein Spleen* den Macken und Ticks ein ganzes Buch gewidmet hat. Seither weiß ich: Unsere mal charmanten, mal irritierenden Eigenheiten befriedigen drei grundlegende Bedürfnisse. Sie geben Halt und Sicherheit, lindern Ängste und bauen Spannungen ab. In stressigen Situationen, vor schwierigen Unternehmungen, nach einem langen Tag oder wenn wir uns unverstanden fühlen, halten wir uns daran fest.[29]

Was dabei herauskommt, kann durchaus skurril sein. Die Schwester einer Freundin muss im Skilift immer links sitzen, damit sie sich wohl fühlt. Einer meiner liebsten

Geschäftspartner kann nur produktiv denken, wenn er Kaugummi kaut. Ein früherer Wimbledonspieler schaute, man glaubt es kaum, vor seinen Spielen die Teletubbies. Ich selbst fühle mich beim Rückwärtseinparken nur sicher, wenn ich die Musik abschalte. Wenn Sie jetzt vielleicht denken »Ja und? Wenn es hilft …«, sind Sie auf der richtigen Spur. Schrullen unterstützen uns, Gefühle zu regulieren und mit Unsicherheiten klarzukommen. Und weil sie so menschlich sind, können sie hinreißend sympathisch wirken. Wahr ist aber auch: Einige davon gehen unserer Umwelt gewaltig auf die Nerven.

Das Phänomen existiert vermutlich schon seit der Steinzeit: Wenn Menschen sich ohne Vorwarnung von jemandem abgestoßen fühlen, liegt das oft an Ticks und Macken. Viral ging der Ekel-Reflex aber erst auf Tiktok. Unter dem Hashtag #ick oder #icks posten dort Millionen von Usern Videoschnipsel über Kleinigkeiten im Verhalten, die sie aus irgendeinem Grund als icky, also störend, empfinden. Dabei geht es selten um etwas Großes. Früher löste zum Beispiel die harmlose Gewohnheit, die Hand in der Hosentasche zu behalten, oft ein unverhältnismäßiges Maß an Ablehnung aus. Was die einen entspannte, empfanden andere als respektlos. Heute sind es überstrapazierte Worthülsen à la »Da bin ich fine mit«, die manchen Menschen den Blutdruck hochtreiben. Das blubbernde Geräusch, wenn jemand mit dem Strohhalm die letzten Tropfen aufsaugt. Oder die Unart, andere warten oder nicht in Ruhe ausreden zu lassen.

Zum Glück haben wir meistens ein gutes Gefühl, welche eigenen Verhaltensweisen den »Ick« auslösen können. Einige nerven uns selbst. Auf andere weisen nahestehende Menschen hin. Auf jeden Fall ist Vorsicht geboten bei allem, was verletzen kann, laut ist, stört oder in den Augen anderer zu weit von der Norm abweicht. Wenn Sie solche Macken aus Ihrem Repertoire entfernen, ist das sicher keine schlechte Idee. Im Grunde gilt das Gleiche wie bei der Post-Production im Film. Die Spezialeffekte mögen noch so großartig gelungen sein, immer ist auch unbrauchbares Material dabei: Patzer beim Dreh, die aus der fertigen Version herausgeschnitten werden. Mit unserem eigenen Auftritt verhält es sich ähnlich. Natürlich gibt es Eigentümlichkeiten, die wir besser ablegen. Aber es gibt viel weniger davon, als Sie vielleicht denken.

Ich mag die Vorstellung, der eigenen besten Version immer näher zu kommen. Wir sollten aber beim Selbstoptimieren auch im Kopf behalten: Menschen sehnen sich nach echten Menschen. Im Zeitalter von Photoshop, KI-Chatbots und virtuellen Assistenten wirken Personen ohne Eigenheiten zu künstlich, um wahr zu sein. Wer sich jede kleine Schwäche abtrainiert, jeder gerade angesagten Norm genügt und jeden Impuls perfekt kontrolliert, mag aus der Ferne Bewunderung ernten. Er oder sie wirkt aber auch schnell roboterhaft. Mit kleinen Brüchen und Abweichungen erreichen Sie das Innere von Menschen viel leichter. Auf jeden Fall lassen sie hinschauen und aufhorchen.

Ein Beispiel dafür ist der Co-Gastgeber meines Lieblingspodcasts. Die Art, wie er die Welt erklärt, holt mich ab. Seine Empfehlungen für Bücher und Filme auch. Dabei pflegt er eine Marotte, mit der ich zunächst wenig anzufangen wusste. Mehr als jeder Mensch, den ich kenne, schärft er beim Sprechen seine Gedanken nach, und das klingt so: »Künstliche Intelligenz muss gezügelt, muss geregelt werden … ich meine … ja … sie muss eingedämmt werden, ehe sie außer Kontrolle gerät.« Inzwischen habe ich mich an die Eigentümlichkeit gewöhnt. Die kleine Abweichung von der Norm: Das ist er. Die Suche nach Präzision ist darin zu spüren, die Liebe zum genau richtigen Wort und das Selbstbewusstsein, sich die Zeit dafür auch zu nehmen. Würde er sich seine Art, die Worte zu wägen, wegcoachen lassen, würde ich sie vermutlich vermissen. Genauso wie die Eigenheit eines Geschäftspartners, bei allen Reisen und in jedem Museum Ansichtskarten zu kaufen, zu horten und irgendwann zu versenden. Ohne seine nach dem Zufallsprinzip verschickten Karten würde ich weder den höchsten Berg in England kennen noch wäre ich auf die Idee gekommen, mir mal eine Ausstellung über die Möbel der Wiener Moderne anzusehen.

Wenn wir unsere Eigenwilligkeiten pflegen, finden unsere Mitmenschen das oft nicht störend, sondern im Gegenteil sehr interessant. Warum das so ist, steht auf der Webseite der School of Life zu lesen: »Interessant zu sein, assoziieren wir (nicht ganz zu Unrecht) damit, sich von der Norm abzuheben: mit ungewöhnlichen und faszinierenden Geschichten und Ideen aufwarten zu können.« Das Zeug dazu tragen wir alle in uns. Jeder Mensch ist auf seine Weise außergewöhnlich. Dazu müssen wir uns nicht einmal groß anstrengen. »Das Problem ist nur, dass wir es nicht zulassen, auch so wahrgenommen zu werden.«[30]

Mein Appell lautet deshalb: Lassen Sie sich Ihre ureigenen Special Effects nicht nehmen. Viele davon machen Sie erst unverkennbar und unvergleichlich. Nur Eigenheiten, die Sie selbst als daneben empfinden, können weg. Spüren Sie dagegen, dass Ihnen eine Angewohnheit ein gewisses Etwas verleiht, wäre es verrückt, daran rühren zu wollen. Das wäre nämlich, als würde man die Star-Wars-Filme ihrer Spezialeffekte berauben. Natürlich funktionieren die Helden, die Action, die Romantik auch so. Aber ohne die Sternenzerstörer, Raumschlachten und Planetenlandschaften würde das Star-Wars-Universum seinen typischen Reiz verlieren.

Etwas Ähnliches gilt auch für uns: Ohne unsere charakteristischen Eigenheiten blieben wir blasse Figuren. Austauschbar, steril und für andere wenig fassbar. »Das Große ist nicht, dies oder das zu sein, sondern man selbst zu sein«, hat der dänische Philosoph Søren Kierkegaard einmal geschrieben. So betrachtet ist es nicht nur erlaubt, sondern sogar empfehlenswert, kleine persönliche Abweichungen vom Mainstream zu zelebrieren. Übrigens auch im Berufsleben. Wenn ein Chefarzt jeden neuen Marvel-Film gesehen haben muss oder eine Managerin beim leisesten Hungergefühl immer sofort etwas zu essen braucht, wirkt das zwar unerwartet. Aber auch sehr menschlich und schon deswegen sympathisch.

»Die spinnen, die Römer«, heißt es bei Asterix. Tun wir doch, wenn wir ehrlich sind, irgendwie alle. Nur auf das richtige Maß kommt es an. Wie im Kino sind die besten Spezialeffekte die, die man überhaupt nicht als solche erkennt. So stimmig fügen sie sich ins Gesamtbild ein.

Nicht UP

14

UP IS, WENN UP IS, UND NU IS NICH UP

Letztes Jahr in Ahrenshoop. Ein langer Strandtag geht zu Ende. Nach dem Abendessen spaziere ich am Bodden entlang. Nur 800 Meter trennen das stille Küstengewässer von der Ostsee. Dazwischen liegen Schilffelder, reetgedeckte Katen und verwunschene Gärten. Viele Kunstschaffende wohnen und arbeiten hier. In ihren Ateliers und Werkstätten machen sie Kunst erlebbar. Beim Blick über die Gartenzäune frage ich mich: Wie mag es wohl sein, den lieben langen Tag zu Hause mit kunstinteressierten Touristen rechnen zu müssen? Natürlich gibt es für den Werkstattverkauf feste Zeiten. Aber ob vorbeischneiende Spaziergänger nicht doch mal kurz klingeln?

Wenig später sehe ich meine Vermutung bestätigt. Neben dem Hoftor einer Keramikwerkstatt steht vor leuchtender Blumenpracht eine verwitterte Bank. Darauf prangt eine Schultafel mit Öffnungszeiten, ergänzt um den in Kreide geschriebenen Hinweis: »Up is, wenn up is, und nu is nich up.« Man muss kein Plattdeutsch können, um den Satz zu verstehen. Er erschließt sich auch, wenn man aus Bayern kommt: »Auf ist, wenn auf ist, und jetzt ist nicht auf.« Ohne nachzudenken, zücke ich mein Smartphone. Die Bank, die Tafel, der Satz wollen festgehalten sein.

Heute hängt das Foto auf Alu-Dibond aufgezogen an unserer Küchenwand. Es würde zwar keinen Fotografiepreis gewinnen. Aber wichtiger als die fotografische Qualität ist mir der Satz. Seit er zu den Sprüchen gehört, die mir die Couch und den Coach ersetzen, sind meine Prioritäten viel klarer sortiert. Jetzt zum Beispiel hat mein Gehirn die Tabs für das Thema offen, an dem ich gerade arbeite, die Gedanken, die mich dabei weiterbringen, und gern Schokolade, Nüsse und Espresso, schließlich braucht der Geist auch Nahrung. Nicht offen bin ich im gleichen Moment für hereintrudelnde E-Mails, unerbetene Störungen und die Notwendigkeit, mir auf die Schnelle einen Termin beim Dermatologen zu sichern. Das alles interessiert mich zwar. Nur eben nicht jetzt.

»Ein jegliches hat seine Zeit, und alles Vorhaben unter dem Himmel hat seine Stunde«, heißt es in der Bibel. So leicht finden wir die Balance zwischen zwei Polen schon lange nicht mehr. So reizvoll sich die Möglichkeiten der Multioptions-, Erlebnis-, Konsum- und Mediengesellschaft darstellen, sie erschweren es, entschlossen die Tür hinter sich zuzumachen. Im Büro arbeiten viele in Open Spaces, die den Austausch fördern, aber weniger die Konzentration. Zu Hause gehen Kochen, Essen und Wohnen fließend ineinander über, das Projektkonzept wird an der Kücheninsel finalisiert, daneben köchelt die Sauce für die

Spaghetti ein, Projektpartner und Kunden schicken am Sonntagnachmittag ihre neuen Ideen, im Meeting verfolgen wir die WM-Ergebnisse, und hängen wir mal wirklich unseren Gedanken nach, schieben wir nebenher ein paar Trizep-Dips ein.

Der Job, die Kinder, der nicht enden wollende Haushalt, das allgegenwärtige Internet, die Arzttermine, die Geburtstagsgrüße, der Antrag für die KfW-Förderung, die neuen tollen Podcasts, über die jeder spricht – im Kopf schwirren die Dinge, die es zu erledigen, abzusprechen oder zu kennen gilt. Wir sind immer auf on. Das Wort Feierabend wirkt so retro wie ein Tastentelefon. Die Grenzen zwischen Arbeitszeit, Familienzeit und Freizeit verschwimmen, und Wissensarbeit lässt sich ohnehin nicht begrenzen. Sie findet jederzeit und überall statt. Die Idee für dieses Buch zum Beispiel ist mir ausgerechnet beim Laubkehren gekommen. Natürlich habe ich mich der ungeplanten Eingebung nicht verschlossen, nur weil ich gerade auf Freizeit gepolt war. Ich würde ja auch nicht die Tür zumachen, wenn plötzlich George Clooney davor stünde.

Genau das ist das Schöne an »Up is, wenn up is, und nu is nich up«. Der Satz bedeutet nicht, dass Sie von nun an den Laden dichtmachen. Er eröffnet Ihnen die Freiheit, von Situation zu Situation neu zwischen »up« und »nich up« zu entscheiden. Wann öffnen Sie sich, zum Beispiel für neue Ideen, unerwartete Begegnungen oder ein Kunstwerk, obwohl es Ihnen auf den ersten Blick wenig sagt? Und wann verschließen Sie sich? Vielleicht weil Sie sich vor einem aufgedrängten Gespräch schützen möchten, einem unrealistischen Termin oder dem Ansinnen, zum Oktoberfest drei Leute zu beherbergen, an die Sie sich nur noch dunkel erinnern.

Unbewusst rationieren Sie Ihre Zeit, Kraft und Aufmerksamkeit vermutlich schon längst. Schließlich kann kein Mensch pausenlos voll da sein. Vielleicht merken Sie aber: Wann Ihre Türen offen stehen, ist mehr von äußeren Anforderungen bestimmt als von Ihren inneren Vorlieben. Vielleicht plagt Sie ein schlechtes Gewissen, wenn Sie etwas ablehnen, was Ihnen zu viel wird oder nicht guttut. Möglicherweise haben Sie auch Angst, sich unbeliebt zu machen oder Schwäche zu zeigen. »Up is, wenn up is, und nu is nicht up« kommt in solchen Situationen gerade recht. Der neue Glaubenssatz hilft, direkt zum Wesentlichen vorzustoßen. Noch ehe sich Bedenken und Schuldgefühle breitmachen können, lässt er Sie geradezu physisch spüren, wofür Sie zugänglich sein wollen. Und wofür eher nicht. Es gibt da wenig Vertun.

Mir schenkt dieses eindeutige Empfinden jene luftige Klarheit, die ich mit der Ostseeküste verbinde. Bei Anfragen, Einladungen und den Forderungen des Tages hat früher mein inneres Team kompliziert getagt. Mit dem Erfolg, dass sich die Pflichtbewusste in mir, die Antreiberin, die Genießerin, die Ambitionierte, die Ausgebrannte und die Verständnisvolle nie richtig einigen konnten. Die durcheinanderredenden inneren Stimmen haben mir zwar meine Zielkonflikte vor Augen geführt, aber selten eine überzeugende Lösung geliefert. Im Gegenteil. Der Widerstreit zwischen Wollen und Können, Müssen und Dürfen hat erst recht gestresst. Viel zu oft wandte ich das letzte bisschen Energie oder den einen verbleibenden

Puffer im Kalender auf, um nur ja nichts zu versäumen, niemanden zu verstimmen und allen echten und eingebildeten Verpflichtungen gerecht zu werden.

Seit ich »Up is, wenn up is, und nu is nich up« im Kopf habe, ist Schluss für mich mit Hin und Her und Wenn und Aber. Sekundenschnell lässt mich der neue Maßstab erkennen, womit ich meine Energie verbrate, wenn ich nicht gegensteuere: zwei Tage vor dem Urlaub einen Auftrag reinschieben, der die ganze Planung sprengt. Mir ausufernd Probleme anhören, die nicht meine sind. Weihnachtsgeschenke besorgen, weil es sonst keiner tut. Kein Wunder, wenn mir die Zeit und Kraft für das fehlt, was mir richtig und wichtig erscheint: Bücher lesen, ausgeschlafen in die Ferien starten, auf den Fluss schauen, ein Konzept noch schärfer fassen, weil mein Gefühl mir sagt, da geht noch was.

Wahr ist allerdings auch: Nicht allen Menschen gefällt die kühle Unterscheidung zwischen auf und zu. Wenn Gäste in meiner Küche den Fotoabzug mit dem neuen Glaubenssatz sehen, heißt der häufigste Kommentar: »Das muss man sich erst mal leisten können.« Seltener sagt jemand wie eine Freundin: »Hey, der Satz ist gut, das gönn ich mir jetzt einfach mal.« Ich gebe zu: Ich hatte anfangs auch Zweifel, ob mein Zufallsfund den Alltagstest besteht. Deshalb habe ich erst mal klein angefangen und, Pensum hin, Gewissen her, am Montagmorgen blau oder bei schönem Wetter mittags Schluss gemacht. Nach und nach wurde ich mutiger. Ich lud nicht zum Geburtstag ein, weil es für mich in diesem Jahr einfach nicht passte. Als Nächstes sagte ich einem potenziellen Neukunden ab, der schon beim Erstgespräch wahnsinnig anstrengend klang. Noch in der gleichen Woche lehnte ich eine Interviewanfrage ab, weil ich gedanklich bei einem ganz anderen Thema war. Und siehe da: Weder stürzte der Himmel über mir ein noch kamen mir die Aufträge abhanden. Im Gegenteil. In dem Maße, in dem ich mich rarer machte, konnte ich sogar höhere Honorare und angenehmere Zeitschienen verhandeln. Viele Menschen, stellte ich fest, haben Verständnis, wenn man nicht immer für alles zu haben ist.

Kann es sein, dass Sie und ich und alle, die darauf gepolt sind, das Menschenmögliche möglich zu machen, einem Mythos aufsitzen? Es sieht ganz danach aus. Forschungen des Organisationswissenschaftlers James R. Detert an der University of Virginia jedenfalls zeigen: Wer Grenzen nachvollziehbar kommuniziert, setzt damit selten das Ansehen oder die Karriere aufs Spiel. Im Gegenteil. Menschen, die gut auf ihrem Gebiet sind, können sich einiges herausnehmen.[31] Selbst die Managerin, die sich die Anzüglichkeiten ihres Chefs verbat, erntete laut Detert schlussendlich dessen Respekt. Entgegen ihren Befürchtungen stellte er sie nicht kalt, sondern dankte ihr für ihre Offenheit. Ein Jahr später holte er sie in die Firmenleitung.

Ein Einzelfall? Nicht ganz. Zwischen Mut und Übermut verläuft zwar ein schmaler Grat. Aber wir brauchen uns ja nur umzuschauen: Würden Sie zum Beispiel die Physiotherapeutin Ihres Vertrauens wechseln, weil sie neuerdings nur noch von Montag bis Mittwoch arbeitet? Erwarten Sie von dem Installateur, der Ihnen schon oft aus der Patsche geholfen hat, dass er seinen Urlaub unterbricht, wenn bei Ihnen die Heizung kalt bleibt? Kündigen Sie eine Freundschaft auf, weil ein befreundetes Paar nicht drei Tage lang bei Ihrer Hochzeit dabei sein kann? Vermutlich nicht. Uns ist völlig klar, dass die Welt für uns nicht alles andere stehen und liegen lässt. Und umgekehrt ist es genauso: wir auch nicht für die Welt.

»Nö«, sagte ein Kollege im Brustton der Überzeugung, wenn etwas für ihn nicht infrage kam. Seltsamerweise habe ich nicht ein einziges Mal erlebt, dass jemand ihm die Ansage übel nahm. Die meisten lachten und fanden sich ab. Warum auch nicht? Ein eindeutiges Nein ist viel wert. Es verschafft nicht nur dem Menschen Luft, der es ausspricht. Es sorgt auch bei allen Mitbetroffenen für klare Verhältnisse. Die Entscheidung ist getroffen, die Würfel sind gefallen, keine Ausflüchte, kein Hinhalten, keine falschen Hoffnungen mehr. Up is, wenn up is, und nu is nicht up. So einfach. So eindeutig. Natürlich können Sie sich überlegen, ob Sie das Gleiche weicher formulieren möchten. Bei vertrauten Menschen kann »Nu is nich up« eine passende Ansage sein. Bei Menschen, die einem ferner stehen, packt man das Gleiche vielleicht lieber in Watte (»Danke, nein«, »Das funktioniert im Moment nicht«, »Ich merke, ich brauche ein freies Wochenende«), garniert mit großem Dank, ehrlichem Bedauern und guten Wünschen, keinesfalls aber mit verlegenen Entschuldigungen oder verlogenen Erklärungen, die die ganze schöne Entscheidungsklarheit zunichtemachen würden.

»Man muss Nein sagen können, um Ja sagen zu dürfen.« Der dänische Gruppen- und Familientherapeut Jesper Juul hat diesen Gedanken formuliert. Ich interpretiere daraus: Grenzen zu setzen, ist das Gegenteil von egoistisch. Denn was bitte wäre die Alternative? Etwa das höfliche, halbherzige, vielleicht sogar widerwillige Ja? Okay, es erspart uns die Absage und anderen die Enttäuschung. Aber was ist es gegen ein Ja aus vollem Herzen wert? Ein Ja, wie es mir geschenkt wurde, als ich am letzten Ferienabend noch einmal kurz vor Sonnenuntergang am Bodden spazieren ging. Wieder kam ich an dem Tor, der Bank, der Tafel vorbei. Doch dieses Mal waren die Bewohner im Garten. Sie ernteten Äpfel und grüßten mir zu. Ich winkte zurück, zeigte auf das Schild und sagte, den Satz würde ich im Kopf mit nach Hause nehmen. Unversehens wurde ein Gespräch daraus und ich in den Garten gebeten: »Möchten Sie sich im Atelier umsehen? Wenn Sie mögen, kommen Sie doch herein …« Ich warf einen Blick auf die Tafel: Die Öffnungszeit war seit Stunden vorbei.

Aus der Erfahrung, Grenzen gelassen sichern zu können, erwächst eine ungeahnte Freiheit. Wenn man nicht alles mitmachen muss, kann man an anderer Stelle gut und gern mehr tun, als man muss. Wenn Sie also das nächste Mal gefragt werden, ob Sie mithelfen, bei Freunden 500 Quadratmeter Rollrasen zu verlegen, hören Sie einfach Ihrer inneren Stimme zu: Sind Sie dafür up? Oder eher nicht? Und dann tun Sie, was Ihr Gefühl Ihnen sagt. Vielleicht rennen die Freunde mit ihrer Bitte bei Ihnen offene Türen ein. Vielleicht merken Sie: Das wollen Sie sich an diesem Samstag, bei diesem Wetter lieber nicht antun. Auch eine Zusage light ist denkbar: »Zwei Stunden bin ich gern dabei. Passt es so gegen zehn?« Vielleicht geht es Ihnen ja so ähnlich wie mir: Kaum sind Sie weniger zu, mit

Terminen und Stress und Verpflichtungen, kehrt die Lust zurück, sich wieder mehr für andere und anderes zu öffnen. Mit neuer Energie. In dem sicheren Wissen: Nichts muss. Alles kann.

15

ICH GREIFE NACH DEN STERNEN, SELBST WENN ICH AM ENDE NUR AUF DEM MOND LANDE

Am 12. September 1962 setzte der amerikanische Präsident John F. Kennedy seinem Land ein Ziel, das alle, die etwas davon verstanden, mit den Ohren schlackern ließ: »Wir haben beschlossen, noch in diesem Jahrzehnt zum Mond zu fliegen.« Kennedys Mondmission kam dem Griff nach den Sternen gleich: wagemutig, wahnwitzig und nach menschlichem Ermessen unerreichbar. Nur 18 Monate vor der Ankündigung des Präsidenten hatte die US-Weltraumbehörde NASA überhaupt erstmals einen amerikanischen Astronauten ins All geschickt. Sein ballistischer Flug erreichte eine Höhe von 187 Kilometern. Nach nur 15 Minuten und 22 Sekunden wasserte die Kapsel bereits wieder im Atlantik.

Das war die Ausgangslage. Und nun also der Mond als Ziel. Es ist fraglich, ob der 35. Präsident ernsthaft an die Machbarkeit seiner Vision glaubte. Nach seinen eigenen Worten interessierte ihn der Weltraum wenig. Mehr als um die Sache ging es ihm darum, sein Land mit neuem Selbstbewusstsein zu befeuern: »Einige sagen, warum der Mond? Warum wählen wir ihn als unser Ziel? Sie könnten genauso gut fragen, warum den höchsten Berg besteigen? Warum den Atlantik überfliegen? Wir haben beschlossen, zum Mond zu fliegen, noch in diesem Jahrzehnt zum Mond zu fliegen, nicht weil es leicht ist, sondern weil es schwer ist; weil dieses Ziel dazu dient, unsere besten Energien und Fähigkeiten zu bündeln und zu messen; weil es eine Aufgabe ist, der wir uns stellen wollen.«[32]

Sie kennen den Ausgang der Geschichte. 1969 betrat Apollo-11-Kommandant Neil Armstrong als erster Mensch den Mond – als einer von zwölf Astronauten, die bis heute jemals den Fuß auf einen anderen Himmelskörper setzten. Kennedy kam mit seiner spektakulären Absichtserklärung so hoch und weit hinaus, wie es ihm vorgeschwebt war. Einen Tribut erforderte der amerikanische Griff nach den Sternen trotzdem. Drei Astronauten verloren bei der Vorbereitung der Mission ihr Leben.

Die Geschichte des ersten Mondflugs legt nahe: Große Ideen verändern die Welt. Um sie zu verwirklichen, benötigt man neben kühnen Visionen die Leichtigkeit, aufs Ganze zu gehen, auch auf die Gefahr hin, nur halb so weit zu kommen wie erhofft. Oder wie es auf einem Wandtattoo steht: »Ich greife nach den Sternen, auch wenn ich nur auf dem Mond lande.« Der Spruch, in den die Risikobetrachtung gleich eingebaut ist, steigt mir wie Champagner zu Kopf. Er relativiert die Angst, man könnte sich im Fall eines Scheiterns die Flügel verbrennen, und schürt die Lust, größer zu denken. Denn wenn man es recht bedenkt, selbst wenn man unterwegs auf halbem Weg stecken bleibt, gewinnt man dazu. Wer Außergewöhnliches wagt, verlässt die Komfortzone, entwickelt sich weiter und erreicht ein komplett neues Niveau. Es spricht also einiges dafür, sich Ziele ein bisschen ambitionierter zu stecken, als die Vorsicht zu bedenken gibt.

Menschen glauben gern, sie können alles haben, und Bücher wie dieses tragen zu diesem Anspruch bei. Vielleicht ziehe ich Ihnen und mir diesen Zahn daher am besten ganz schnell: So einfach ist es nicht. Die Wahrheit lautet wie so oft: ja, aber. Ja, wir Menschen können in unserer Lebenszeit mit Talent, Glück und harter Arbeit unglaublich viel erreichen. Trotzdem bringen die wenigsten alles zuwege, wozu sie das Zeug hätten, und schon gar nicht alles zugleich. Selbst Weltveränderinnen, Nobelpreisträgern, Tech-Gründern und Taylor Swift gelingt nicht alles im buchstäblichen Sinn des Wortes: der Supererfolg in allen Lebensbereichen, im Beruf, in der Liebe, bei der körperlichen und geistigen Gesundheit, der persönlichen Freiheit und darin, wie viel Sympathie sie genießen. Auch Stars haben Essstörungen, führen unglückliche Beziehungen, finden ihre Kinder schwierig, stolpern über unangemessene Affären, tricksen, fallen auf falsche Freunde herein, erleiden Shitstorms oder können die Ehrungen nicht genießen, die ihnen zuteilwerden. Der Entdecker der Röntgenstrahlung, Wilhelm Conrad Röntgen, ist ein berühmtes Beispiel dafür. Weil er seine Panik vor dem öffentlichen Auftritt nicht überwinden konnte, schwänzte der introvertierte Physikprofessor die Verleihung seines eigenen Nobelpreises. Die goldene Medaille wurde ihm schließlich per Post zugesandt. So gut wie nie bedeutet Spitzenerfolg Vollkommenheit in allen Belangen.

Wenn Sie sich mit Echtschmuck auskennen, wissen Sie: Es ist nicht reinstes Gold, was glänzt. Gewisse Verunreinigungen und Beimischungen sind auch dabei. Mit dem Lebenserfolg verhält es sich ähnlich. In jedem noch so erfolgreichen Leben gibt es Unzulänglichkeiten. Auf Englisch heißen sie bezeichnenderweise »shortcomings«. Wörtlich übersetzt bedeutet das, man ist in manchem nicht so weit gekommen wie gewünscht. Aber vielleicht viel weiter als gedacht.

Sehen wir es also realistisch: Unsere Sehnsüchte erfüllen sich selten ganz oder gar nicht. Meistens erreichen wir ein respektables Maß an Fortschritt dazwischen. Wir bewegen uns weg vom Ausgangspunkt und nähern uns dem Punkt, den wir für uns in den Blick nehmen. Für den Gesamterfolg spielt es dabei durchaus eine Rolle, ob wir eher vom Anfang oder vom Ende her denken. In dem einen Fall bewegen wir uns tastend, dafür aber ohne Fehltritt vom Ausgangspunkt weg. Im anderen nehmen wir von vornherein ein mehr oder weniger kühnes Ziel in den Blick.

Das eine ist nicht zwingend besser als das andere. Wer auf Sicht fährt und Meter um Meter die Ausgangslage verbessert, bleibt fest auf dem Boden der Tatsachen. Als Studentin habe ich mir das Kochen so beigebracht: streng orientiert an den Möglichkeiten einer Miniküche mit zwei Kochplatten, meinen eigenen bescheidenen Fähigkeiten und immer genau nach Rezept. Dabei kam meistens etwas Vernünftiges heraus, doch Meisterwerke auf dem Teller gelingen mir mit dieser Methode bis heute nicht. Ich ziehe daraus den Schluss: Träume frühzeitig der Realität anzupassen, bringt uns weiter, aber nicht überall hin.

Der Urvater der Psychologie William James (1842–1910) fasste den Zusammenhang in die einfache Gleichung:

$$\text{Selbstachtung} = \frac{\text{Erfolg}}{\text{Anspruch}}$$

Das nie an Aktualität verlierende Beispiel dafür lieferte er gleich mit: »Wie glücklich der Tag, an dem wir das Bemühen aufgeben, jung und schlank zu sein.« Will heißen: Glücklich ist, wer eher bescheiden träumt, und geht es um definierte Oberarme oder Sous-vide-Garen für acht Gäste, bin ich sofort dabei. Definitiv mache ich es mir lieber mit zwei Kissen im Rücken gemütlich, als mir eine hohe Messlatte für etwas zu legen, das mich eher mäßig interessiert.

In den Lebensbereichen, die uns persönlich bewegen, halten uns allzu anspruchslose Ziele dagegen zurück. Sieht man von glücklichen Zufällen ab, bestimmt unsere Vorstellungskraft, was wir erreichen können. Beschränken wir uns auf kleinteilige Ziele, machen wir zwar einen guten Job, verpassen aber die großen Sprünge. Klar strebt man an, Teamleiterin zu werden. Schließlich bekommt man jeden Tag mit, was die Aufgabe umfasst. Aber gleich aus dem Stand eine Abteilung zu leiten? Wer die nächste, geschweige denn übernächste Karrierestufe noch nie für sich ins Auge gefasst hat, tut sich schwer, unerwartete Chancen beim Schopf zu packen. Der Kollege mit den großen Ambitionen sieht dagegen sofort: Die Grenzen zwischen den Verantwortlichkeiten sind fließend, eine solche Gelegenheit bietet sich so bald nicht wieder und ein gutes Weiterbildungsprogramm besorgt den Rest. Was also soll schon passieren? Oder nehmen Sie das Thema Familienplanung: Mal sehen, wie es mit einem Kind läuft, denken die einen und warten ab, wie sich das Leben zu dritt anlässt. Wir wollen unbedingt eine große Familie, beabsichtigen die anderen, und schaffen schon beim ersten Kind ein Transportrad an, das Platz für mehrere Geschwister bietet.

Mögen abwägende Naturen den Griff nach den Sternen auch belächeln, wer ein hohes, attraktives Ziel in den Blick nimmt, sieht weiter in die Zukunft, fängt entschlossener an, hält Durststrecken leichter durch und weiß, wofür er jeden Morgen aufsteht. Wo Bedächtige das Gefühl haben, nur langsam vom Fleck zu kommen, stürzen sich Menschen mit hochfliegenden Plänen lustvoll ins Abenteuer. Mit jedem Teilziel überwinden sie Hürden, gewinnen an Stärke, betreten Neuland und reißen andere mit. Verzicht, Anstrengungen und Rückschläge werden nicht als Mangel, Plackerei und Scheitern erfahren. Sie sind Bewährungsproben auf dem Weg zum nächsten Level.

Sie merken schon: Dem Griff nach den Sternen wohnt etwas Spielerisches, Experimentelles inne. Wie bei der Queste, dem mittelalterlichen Ritual des Rittertums, begeben wir uns als Heldinnen und Helden unserer Tage auf die Suche. Man erprobt sich, vergisst Zeit und Raum und schaut, wie weit man tatsächlich kommt. Darin allein liegt ein großes Glück. Das Gehirn belohnt uns mit Hochgefühlen, wenn wir auf ein weitreichendes Ziel hinarbeiten, Zusammenhänge erforschen, erfinderisch sind. Das verwegene Vorhaben, das wir ins Visier nehmen, gibt uns wie ein Leitstern die Richtung vor. Ob wir es am Ende tatsächlich erreichen, ob wir reich, berühmt oder CEO werden, bis aufs letzte i-Tüpfelchen das ersehnte Familienmodell verwirklichen, überwältigenden Sex haben oder tatsächlich beim Stadtmarathon 42,195 Kilometer lang durchhalten, spielt bei alledem gewiss eine Rolle. Es ist aber auch gut, wenn es nicht vollkommen gelingt. Denn wer weite Wege geht, steht nie mit leeren Händen da. Mag das Ziel auch in der Ferne liegen, Sternstunden erleben Sie schon auf dem Weg dorthin. Übrigens nicht nur bei ehrgeizigen Projekten wie einer Mission ins All. Auch bei alltäglichen Verbesserungen, die kaum der Rede wert zu sein scheinen. Außer für einen selbst.

Jahrelang ist die Freundin einer Freundin im Schwimmbecken mehr gestanden als geschwommen. Und wenn sie sich doch zu einer Bahn aufraffte, japste sie in kurzen Zügen durchs Wasser, den Kopf nach oben überstreckt. Wie viele im Becken scheute sie das Chlor in der Nase, in den Augen, die ruinierte Frisur. Bis sie, aus welchem Grund auch immer, beschloss: Sie wollte kraulen lernen. Die ersten Selbstversuche führten zu nichts. Ein Kraulkurs für erwachsene Anfänger wurde in ihrer Nähe nirgendwo angeboten. Also holte sie sich im Internet Rat. Auf YouTube fand sie Vorübungen über die richtige Wasserlage, das Gleiten, die Kopfposition.

Seither ist ein halbes Jahr vergangen, und um es gleich vorwegzusagen: Das mit dem Kraulen klappt immer noch nicht. Dank der Übungsvorschläge hat sie sich aber zu einer beachtlichen Brustschwimmerin entwickelt. Anfangs tauchte sie nur das Kinn ins Wasser, dann die Nase, mittlerweile hebt und senkt sich der ganze Kopf. Dank der veränderten Kopfhaltung liegt der Körper flacher im

Wasser, die Züge sind länger geworden, und auch beim Tempo hat sie angezogen. »Ich fühl mich wie im siebten Himmel«, strahlt sie, stößt sich am Beckenrand ab und setzt zur nächsten Bahn an.

Auf allen Gebieten kann es passieren, dass wir Großes vorhaben, in der Lebenswirklichkeit aber etwas anderes rauskommt. Das ist unangenehm, aber verschmerzbar. Denn auch wenn wir ein Ziel nicht hundertprozentig verwirklichen, etwas Besseres als vorher erarbeiten wir uns fast immer. Ist eine Vision nur kühn genug, stellt auch ein Teilerfolg einen substanziellen Fortschritt dar. Spielen wir es doch einfach noch mal bei der Mondmission durch. Was wäre denn passiert, wenn John F. Kennedy ein leichter zu erreichendes Ziel formuliert hätte, so wie einige Experten es ihm geraten hatten? Vielleicht würden wir in diesem Fall noch heute auf die erste Mondlandung warten. Und wenn die NASA das Vorhaben in den Sand gesetzt hätte? Wenn das Apollo-Projekt auf der Hälfte oder sogar auf dem ersten Viertel des Weges stehen geblieben wäre? Auch dann hätte Kennedy noch Großartiges angestoßen. Ehrgeizige Wagnisse bestehen aus vielen Schritten, und jeder einzelne davon bringt uns unserem Traum näher. Mindestens sind wir um neue Erfahrungen reicher. Und was wir nicht schaffen, vollenden vielleicht die, die auf unseren Schultern stehen.

Ich bin immer sehr für Sichtweisen, die unser Möglichstes aus uns herauskitzeln. »Ich greife nach den Sternen, auch wenn ich nur auf dem Mond lande« gehört dieser Riege an. Der neue Glaubenssatz gibt Auftrieb, ambitionierte Projekte in Angriff zu nehmen, so leichtfüßig, dass es sich oft nicht wie Arbeit anfühlt und bisweilen wie im siebten Himmel. Und wenn es am Ende doch nicht so kommt, wie Sie es sich in Ihren schönsten Träumen ausmalen, dann haben Sie es immerhin in Richtung Mond geschafft. Und das bitte soll Ihnen erst einmal jemand nachmachen!

16

EIN GUTES LEBEN IST DIE BESTE RACHE

Sie sind ein Paar, das sich Träume erfüllt. Zielstrebig bauen sie eine Familie auf und parallel dazu das Küchenhaus. Dann erbt Anna ein kleines Vermögen, und plötzlich können sie größer denken. Ein cooler Showroom, mehr Fläche, ein Onlineshop für Esskultur. Die Digitalexpertin, die sie sich ins Team holen, entwickelt ihre Ideen schöpferisch weiter. Drei Monate später will Stefan scheinbar aus dem Nichts heraus eine Beziehungspause. Anna versteht die Welt nicht mehr. Haben sie es nicht gut? Mit den Kindern, den anspruchsvollen Projekten, dem ganzen erfüllten Leben? So erfüllt, dass Anna zwischen Kundenterminen und Kinderarzt entgangen war: Stefan und die Digitalberaterin sind sich nicht nur beruflich nahe. Am Ende ist es Anna, die der Sache ein Ende setzt. Mit den Kindern zieht sie weg aus dem Haus, aus der Stadt, von allem, von dem sie glaubte, es würde für immer halten. Doch natürlich gibt es Begegnungen und Familienfeste, Freunde feiern Geburtstag und Fragen werden gestellt. Es spricht sich herum, dass Stefan und die neue Frau in seinem Leben heiraten werden, und …

»Wie geht es dir denn damit?«, fragt eine Tischnachbarin.

»Gut«, sagt Anna. Sonst sagt sie nichts. Aber das Thema ist noch nicht durch.

»Wie hält man so etwas bloß aus?«, ertönt es von links. »Was wäre Stefan denn ohne dich? Also mir käme er nicht so leicht davon.«

»Ich finde«, sagt Anna, »ein gutes Leben ist die beste Rache.«

Ich bin beeindruckt. Kein verlegenes Stammeln, kein Wort über die beiden, über die sie bestimmt einiges zu sagen wüsste, einfach obenhin ein Gedanke, der darauf verweist: Irgendwann wird das erlittene Unrecht Geschichte sein. Dann ist es am besten, man hat etwas Konstruktives daraus gemacht.

Ein gutes Leben ist die beste Rache. Das klingt wunderbar abgeklärt. Allerdings muss man so weit erst mal kommen. Ungerechte Verluste und unfaire Kränkungen lösen eine heillose Mischung aus Wut, Ohnmacht und verletztem Ego aus. Wer so massiv wie Anna aus der Bahn geworfen wird, strebt verständlicherweise nach Vergeltung, mindestens aber nach Ausgleich. »Der Hölle Rache kocht in meinem Herzen«, wütet in Mozarts *Zauberflöte* die Königin der Nacht. Rachegefühle sind keine Kleinigkeit. In den meisten von uns lodert nach einem erlittenen Unrecht das Bedürfnis, dass wir uns wieder als wirksam erleben. Wir wollen Einfluss auf das Geschehen nehmen, und wenn es keinen anderen Ausweg gibt, liegt nichts näher als Vergeltung. Die Person, die einen verletzt hat, soll sehen, was sie davon hat.

Der Fantasie sind dabei wenig Grenzen gesetzt: anzeigen, bloßstellen, Ruf schädigen, Eigentum zerstören, Abführmittel in den Chai, Auto im Pool versenken. Im Ernst jetzt: Es befriedigt, jemanden zu bestrafen. Der Blick aufs Gehirn zeigt, dass allein die Vorstellung von Racheakten das Belohnungszentrum aktiviert. Auch ansonsten friedfertige Menschen zahlen erlittene Schmerzen mit Freuden heim.[33] Das klingt, als wäre Rache ein Hochgenuss, und das ganz ohne Reue. Ungefähr so wie es manchmal auf T-Shirts zu lesen steht: »Rache ist süß und macht nicht dick.« Doch so simpel funktioniert es nicht. Racheaktionen können eine ähnliche Wirkung zeigen wie ein Riesenstück Buttercremetorte: Schmeckt gut, ist aber hinterher nicht unbedingt gegessen.

Einen nachdrücklichen Beweis dafür liefert eine Studie über die Gefühlslage nach Racheakten an der Colgate University im US-Bundesstaat New York. Ihr Ergebnis gibt zu denken. Ja, Vergeltung entlastet und befreit. Allerdings währt die Freude nur kurz. Langfristig hingegen schaden fiese Sanktionen am meisten denen, die sie verüben. Studienteilnehmende, die es einem Gegner heimzahlen konnten, fühlten sich auf lange Sicht um 25 Prozent weniger glücklich als Personen, die keine Gelegenheit bekamen, ihre Rachegefühle auszuleben.[34]

Ein Racheakt macht eine erlittene Verletzung also nicht wett. Wie auch? Ein Vergeltungsschlag ist kein Ausgleichstreffer. Weder stellt er den ursprünglichen Zustand wieder her noch führt er zurück zum Glück. Stattdessen werden womöglich weitere, neue Rechnungen aufgemacht. Denn Menschen, die unfair gehandelt haben, akzeptieren die Bestrafung durch ihr Opfer selten als verdiente Quittung. Der Philosoph Fabian Bernhardt weist zudem darauf hin: Auch unsere Gesellschaft erkennt Rachegefühle nicht mehr als Handlungsmotivation an.[35] Der Wunsch, sich die Ehre zurückzuholen, ist zwar menschlich. Schwingt sich das ursprüngliche Opfer allerdings zum Racheengel auf, hört das Verständnis auf.

Es besteht deshalb die sehr reale Gefahr, dass Racheaktionen nach hinten losgehen. Auge um Auge, Zahn um Zahn, heißt es in der Bibel. Daraus wird eigentlich schon klar: Wer Gleiches mit Gleichem vergilt, setzt die eigene Sicherheit und Bequemlichkeit mit aufs Spiel. Rachekaskaden kommen in Gang, Rosenkriege werden geführt, Brücken eingerissen, ein Teufelskreis bricht auf. »The old law of an eye for an eye leaves everybody blind«, warnte der amerikanische Bürgerrechtler Martin Luther King. Soll heißen: Rache produziert selten Gewinner. Im Gegenteil. Läuft es dumm, stehen Verursachende am Ende besser da als ihre zu Rächern gewordenen Opfer.

Noch direkter sagt es der Blog *Gedankenwelt*: »Die Reaktion auf Schmerz, indem mehr Schmerz geschaffen wird, ändert nichts an der Situation und lässt dich dich nicht besser fühlen.«[36] Es fällt schwer, das im Moment der Kränkung zu glauben. Aber es stimmt. Ich denke dabei schlagartig an einen heißen Morgen im August. Es war kurz vor sieben, die Sommerferien hatten gerade begonnen und ein ohrenbetäubender Lärm riss mich aus dem Schlaf. Noch ehe ich den Krach zuordnen konnte, hatte ein Nachbar, dem unsere Gartenhecke schon lange ein Dorn im Auge war, unsere hohen, dichten Sträucher von drei Gärtnern um fast einen Meter stutzen lassen. Danach war unsere Terrasse so einsehbar, dass wir sie nicht mehr nutzen mochten. Seither weiß ich, wie sich Rachelust anfühlt. Weil uns nichts Besseres einfiel, es gab ja nichts mehr zu retten, holten wir uns rechtliche Unterstützung. Am Ende bekamen wir eine Art von Genugtuung und eine Lösung, die weiteren Übergriffen vorbeugte. Dazwischen lagen eineinhalb Jahre voller Anwaltsbriefe, Anfeindungen und kleiner Gehässigkeiten. Einstweilen wuchs die Hecke zur alten Höhe zurück. In der Rückschau kostete das Sinnen auf Rache und Gegenrache beiden Seiten vermutlich mehr Energie, als die Sache wert war. Ich jedenfalls habe in dieser Zeit kein wirklich gutes Leben geführt. Ausgerechnet der Mensch, den ich mir weit weg gewünscht hätte, saß nun ganz vorn in meinem Kopf. Aus eigenem Erleben erfuhr ich: Rachewut vergällt die Lebensfreude und nimmt die Gedanken in Beschlag. Noch einmal würde ich die Lust auf Revanche vermutlich lieber bändigen.

Allerdings ist es natürlich keine Alternative, tatenlos zuzuschauen, wenn das Ansehen beschädigt, ein Erfolg aus den Händen gerungen, ein Erbe ungleich verteilt oder die große Liebe zerstört wird. Schlagen wir also bei Albert Einstein nach, der zu fast allem etwas Kluges zu sagen wusste. »Schwache Menschen streben nach Rache. Starke Menschen vergeben. Intelligente Menschen ignorieren.« Ich bin dafür, wir stellen das Verzeihen fürs Erste hintan. Vergebung ist unfassbar schwierig. Man muss schon echt abgeklärt sein, um direkt nach einem Tiefschlag Sichtweisen in Betracht zu ziehen, die gegen die eigenen Gefühle und Interessen gehen.

Rachegedanken beiseitezuschieben, gelingt im Vergleich dazu leichter. Einer oder eine hat keine Lust auf Stress, geht über die Provokation hinweg, denkt sich seinen oder ihren Teil und macht weiter, als wäre nichts passiert. Das entschärft die Situation und beugt der Gefahr vor, dass von jetzt auf gleich kein Weg mehr zueinander führt. Keine Angst: Sie stehen deshalb nicht als Push-over da. Es kann sehr erwachsen wirken, ein unmögliches Verhalten einfach nicht zu beachten. Denn Angreifer rechnen mit allem Möglichen. Sie sind aber nicht darauf gefasst, keine Aufmerksamkeit zu finden. Ignoriert zu werden, nimmt ihnen die Macht. Wenn das nicht reicht, zückt man die gelbe Karte und gibt zu verstehen: »Hey, das geht mir zu weit. Das kannst du mit mir nicht machen. Das nehme ich nicht hin.« Die klare Ansage beugt weiteren Übergriffen vor. Bei ansonsten vernünftigen Widersachern kann sie sogar bewirken, dass sie sich entschuldigen und den Schaden wiedergutmachen. Satz 2 »Ich hau sie mit Freundlichkeit um« setzt übrigens auf den gleichen Effekt: die coolere, souveränere Person zu sein. Auch wenn die Gegenseite es vielleicht absolut nicht verdient. Drauflegen kann man gegebenenfalls immer noch.

Trotzdem, da bin ich ganz Ihrer Meinung, gibt es Situationen, in denen brauchen wir mehr. Zumindest zeigen will man es der Person, die einen bloßgestellt hat, und das ist gut so. Fühlt man sich nämlich auf ewig als der Dumme oder die Düpierte, kann dies Kränkungsreaktionen, Grübeleien und jahrelange Freudlosigkeit hervorrufen. Das beste Mittel dagegen wäre Verzeihen. Doch wie gesagt: Wenn das Herz nach Satisfaktion schreit, wäre Versöhnlichkeit zu viel verlangt.

Die realistischste Reaktion ist deshalb vielleicht eine Art Rache light. Etwas, was das Bedürfnis nach Ausgleich befriedigt, ohne uns die Seele zu vergiften. Und damit sind wir zurück bei Anna und ihrem denkwürdigen Ausspruch: »Ein gutes Leben ist die beste Rache.« Die Haltung weist den Weg, wie man sich Genugtuung verschaffen kann, ohne gemein oder kriminell zu handeln. Statt auf Rache zu sinnen, besinnt man sich auf sich selbst und das eigene Werden und Wachsen. Die Revanche besteht darin, nach erlittener Schmach ähnlich gut dazustehen wie zuvor. Meistens brauchen Sie dafür nicht einmal ein Wunder zu vollbringen. Dem Menschen, der Ihnen geschadet hat, gibt es schon zu denken, wenn er oder sie merkt: Sooo groß ist seine Macht über Sie nicht. Statt zu verzweifeln, wachsen Sie über die Enttäuschung hinaus, helfen sich selbst, stellen neue Projekte auf, und wenn Sie noch nicht wieder vollkommen glücklich sind, befinden Sie sich doch auf dem besten Weg dorthin.

»Fluctuat nec mergitur« heißt seit bald 175 Jahren der offizielle Leitspruch von Paris. »Sie schwankt, aber sie geht nicht unter.« Das Gleiche können auch wir, und am leichtesten gelingt es, wenn wir uns nicht allzu lange mit Racheplänen und Racheaktionen aufhalten. Denn Rache verengt den Geist. Alle Gedanken fokussieren sich nur noch auf diesen einen Menschen, diese eine Schmach. Die Welt erscheint trostlos und ungerecht. Statt die Aufmerksamkeit nach vorn zu richten, bleibt der Blick im Rückspiegel hängen. Dass dabei nichts Gutes herauskommen kann, liegt auf der Hand. Wer sich dagegen auf sich und das Kommende konzentriert, steigert die Fähigkeit, um die Ecke zu denken und andere Optionen wahrzunehmen. Anna zum Beispiel lebt seit der Scheidung in der Stadt, in die es sie schon immer gezogen hat. Ich habe damals nach dem Nachbarschaftsstreit dafür plädiert, dass wir unseren Garten umgestalten. Es hat eine Weile gedauert, aber jetzt gibt es statt der blühenden Hecke Eiben, ein Gartenhaus und Sichtschutz, den niemand einfach knicken kann.

Also alles Friede, Freude, Eierkuchen? So pauschal würde ich es nicht sagen. Ungerechtigkeiten und unfaire Attacken gehen nicht spurlos an uns vorüber. Sie zwingen uns, alte Vorstellungen aufzugeben und Wege einzuschlagen, die wir nie einschlagen wollten. Sie konfrontieren uns mit der Unsicherheit, nicht zu wissen, wie es hinter dem Horizont weitergeht und ob am Ende womöglich nur ein Trostpreis bleibt. Wenn man es trotz alledem schafft, am Ende so strahlend zu leuchten wie zuvor, dann, finde ich, gibt es keine elegantere Rache!

Damit sollten wir es dann aber auch gut sein lassen. Wenn Sie zurück ins Lot gefunden haben, ist die Zeit gekommen abzuschließen. Anderenfalls kann es nämlich passieren, dass Ihnen die bösen Erinnerungen noch nachhängen, wenn Sie das Leben längst wieder zum Guten gewendet haben. Die Psychologie rät deshalb: Vollenden Sie die Rache, und vergeben Sie. Das muss nicht heißen, dass die Person, die Ihnen übel mitgespielt hat, in Ihrem Leben willkommen ist. Es bedeutet, dass Sie mit dem Geschehenen innerlich Frieden schließen. Das Kapitel, das Sie so sehr belastet hat, ist beendet.

Ein gutes Leben ist die beste Rache. Aus meiner Sicht ist dieser Gedanke Gold wert. Er wirkt nämlich schon, wenn jemand auch nur versucht, Ihnen die Butter vom Brot zu nehmen. Oder, wie mir an einem verregneten Novembernachmittag, den Sitzplatz im Café. Suchend steuerte ich mit Espresso und einem noch warmen Zimtteilchen durch die Tische. Wie es aussah, waren alle Plätze belegt. Dann erspähte ich einen leeren Tisch, setzte das Tablett ab und sah, wie ein Paar näher kam. »Wollen Sie hier allein sitzen? An einem Vierertisch?«, fragte der männliche Teil des Paars. »Komm, Schatz, da setzen wir uns dazu.« Während sie noch zögerte, legte er schon mal sein Handy ab. Eine Situation muss nicht traumatisch sein, um Rachegelüste zu wecken. Ich sagte mir den Satz, der über diesem Kapitel steht, überlegte nicht lange und überließ den beiden den Tisch. Fast im gleichen Moment wurde nicht weit entfernt ein Platz am Fenster frei. Von dort aus bekam ich bühnenreif mit: Das Paar von vorhin diskutierte zischend, und Thema war der Vorfall von gerade eben. Offenbar gibt es auch im wahren Leben so etwas wie poetische Gerechtigkeit. Manchmal sorgt sie wie im Märchen dafür, dass die Bösen die Quittung bekommen. Und sei es nur, dass sie den Erfolg auf fremde Kosten nicht wirklich genießen können.

17

NO NEWS, NO SHOES

Eigentlich mag ich es nicht, wenn Menschen sich verbal übertrumpfen. Sie wissen schon: mein Hotel-Upgrade, mein Top-Arbeitgeber, mein Überfliegerkind. Doch kürzlich in einer Vortragspause machte mir der Überbietungswettkampf richtig Spaß. Am Stehtisch wandte sich das Gespräch dem Energiesparen zu und wie man die Heizkosten im Rahmen hält.

»Kein Mensch muss im Dezember im T-Shirt herumlaufen«, wirft jemand in die Runde.

»Also, ich gehe zu Hause am liebsten barfuß«, sagt die Pharma-Managerin neben mir und beißt in ihre Minicurrywurst.

»Aber doch nicht in der kalten Jahreszeit«, befindet ein Dritter.

»Besonders dann«, wende ich ein. »Solange ich Flip-Flops trage, habe ich immer noch das Gefühl, es ist Sommer.«

»Genau«, stimmt die Managerin zu. »Der Paketzustellerin schaudert es jedes Mal, wenn ich ihr im Schnee barfuß entgegengehe.«

Jetzt werfen wir uns die Bälle zu. »No news, no shoes«, sage ich.

»Wenn ich noch einmal leben könnte, würde ich von Frühlingsbeginn an bis in den Spätherbst hinein barfuß gehen«, toppt sie. »Jorge Luis Borges.«

Wir sind uns auf Anhieb sympathisch. »›No news, no shoes‹ ist gut«, sagt sie zu mir. »Gibt es für den Spruch eine Quelle?«

Gibt es, und zufällig erinnere ich mich daran sehr genau. Es war bei einem Samstagsfrühstück. Beim Entfalten der Zeitung leuchtet mir eine Prospektbeilage so türkisblau entgegen, dass ich den Politikteil auf später verschiebe. Ein paar Minuten lang träume ich mich auf das Nord-Malé-Atoll im Indischen Ozean. Dort liegt auf einer Privatinsel das Luxus-Resort Gili Lankanfushi. Es gilt als eines der besten Hotels der Welt, und wird nach dem Prinzip geführt: »Keine Neuigkeiten, keine Schuhe.« Entsprechend bekommen Gäste schon bei der Überfahrt ein Säckchen überreicht, in dem Sneakers und Socken verschwinden können. Von da an laufen die meisten bis zur Heimreise barfuß durchs Hotel.

Auf den Malediven war ich noch immer nicht. Doch der Spruch für Bei-sich-Sein und Barfußluxus klingt mir in den Ohren und belegt einen Spitzenplatz im Repertoire meiner Sätze zur Selbsttherapie. Er lässt sich spielend leicht umsetzen, und das Gute daran ist: Man muss nicht nach Malé fliegen, um ihm zu frönen. »No news, no shoes« sorgt sogar auf dem Balkon für das schönste aller Gefühle: diese Stimmung träger langer Sommertage, in denen sich jedes Zeitgefühl verliert.

Doch es kommt noch besser. Selbst im hektischen Alltag, bei Novembergrau, wenn die Blätter fallen, lädt die Malediven-Philosophie dazu ein, der Welt den Rücken zu kehren. Nach Hause kommen, Schuhe ausziehen, Handy weglegen, keine WhatsApp-Gruppe, keine News mit verstörenden Nachrichten, stattdessen Holz oder Teppich unter den Füßen, Musik, eine Tasse Tee, Bücher, eine Liebhaberei, vielleicht ein Haustier, mit dem man das Leben teilt. Es braucht nicht viel, um sich kleine Inseln der Ruhe zu verschaffen. Leider unterschätzen wir in der Rushhour des Lebens ihre Bedeutung. Die meisten kommen darauf erst, wenn es zu spät ist.

Die australische Palliativpflegerin Bronnie Ware hat todkranke Menschen in den letzten Wochen ihres Lebens gefragt, was sie am meisten bedauern. Ihre Antworten geben zu denken. Die meisten würden im Rückblick weniger arbeiten und mehr in den Tag hineinleben. Sie hatten Vollzeit gearbeitet und Karriere gemacht, geheiratet und Kinder großgezogen, Stromtarife verglichen und endlose Folgen von Lieblingsserien gestreamt. Am meisten geht mir die Bilanz einer Managerin nach: »Ich wünschte, ich hätte mir erlaubt, glücklicher zu sein.« In ihrem Beruf hatte sie als eine von damals noch wenigen Frauen Karriere gemacht. Nun blieben ihr nur noch wenige Tage.

Dabei war die Menschheit in Sachen Genießen schon einmal weiter als wir heute. Als im 17. Jahrhundert Krieg, Pest und Zerstörung Europa überzogen, stand unseren Vorfahren die Vergänglichkeit immer vor Augen. Wer es sich leisten konnte, begegnete dem Gefühl des Morgen-kann-alles-vorbei-Seins mit unbändiger Lebenslust: entspannen, verschwenderisch essen, aufwendig feiern und bloß nicht an morgen denken. Die Hinwendung zu allem, was die Welt an Schönem bietet, fußt auf dem über 2000 Jahre alten Grundsatz »carpe diem«. Auf Deutsch: »Nutze den Tag.« Gemeint ist jedoch: »Genieße den Tag.« Der römische Dichter Horaz hat ihn in seiner Ode *An Leukonoe* geprägt. »Frage nicht«, heißt es da, »welches Ende die Götter mir, welches sie dir, Leukonoe, zugedacht haben … Ganz gleich, ob Jupiter dir noch weitere Winter zugeteilt hat oder ob dieser jetzt … dein letzter ist, sei nicht dumm, filtere den Wein und verzichte auf jede weiter reichende Hoffnung! Noch während wir hier reden, ist uns bereits die missgünstige Zeit entflohen: Genieße den Tag, und vertraue möglichst wenig auf den folgenden!«

Horaz' Sprache klingt retro. Doch sein Appell, den Augenblick auszukosten, geht alle Menschen zu allen Zeiten an. Auch mitten in Krisen. Besonders in Krisen. Wenn uns das Leben viel abverlangt, stärken unbeschwerte Momente die mentale Gesundheit. »Keine Schuhe, keine Neuigkeiten!« bringt Sie praktisch auf Knopfdruck ins Hier und Jetzt. Ohne alle Umstände mit Freunden in der Küche sitzen, mit den Augen die Natur genießen, sich beim Beachvolleyball verausgaben, die Gedanken schweifen lassen, die Zehen in den Fluss halten, niemand will etwas, nichts engt ein, selbstvergessen entschweben wir den Forderungen des Tages und unserer Kultur des Always-on. Daran kann uns nichts und niemand hindern. Daran hindern wir uns höchstens selbst.

Haben Sie schon einmal darüber nachgedacht, was die drei liebsten Freizeitaktivitäten in den deutschsprachigen Ländern sind? Lesen? Musik hören? Spazieren gehen? Sich mit Freunden treffen? Urban Gardening? Angeln? Yoga? Wandern? Alles falsch. Laut dem Freizeit-Monitor 2022 investieren wir am meisten freie Zeit dafür, durch Social Media zu klicken, fernzusehen und am Computer zu daddeln.[37] Die meisten Menschen sind damit statistisch häufiger im Internet unterwegs als in der Natur.

In Maßen ist das notwendig und vollkommen okay. Die Informationsmenge schwillt sprunghaft an. Weder im Job noch privat wollen wir wichtige News verpassen. Wer Zusammenhänge verstehen und sich fundierte Meinungen bilden will, kommt nicht darum herum, sich lang und breit zu informieren, zu suchen, zu empfangen, mitzudenken und selbst zu antworten. »Eine engagierte Anteilnahme am Weltgeschehen braucht die richtige Dosis an Informationen«, sagt der Professor für Medienwirtschaft Bernhard Pörksen und warnt davor, in eine »Wellness-Welt des Bei-sich-Seins« abzutauchen.[38]

Weltflucht ist also keine Lösung. Pausenlose Informationsaufnahme aber auch nicht. Denn in den fünf bis sechs Stunden, in denen die meisten täglich auf ein Display schauen, sind wir überall. Nur nicht bei uns selbst. Bei unseren Großeltern war das noch anders. Ihre Hauptinfoquellen waren die Zeitung, die Tagesschau und gelegentlich ein Plausch am Gartenzaun. Wir hingegen kommen nie zur Ruhe und selten zum Nachdenken. In den sozialen Medien werden wir Zeuge, wenn Tausende Kilometer entfernt Menschen leiden und sterben. Wir fühlen per Facetime mit, wenn die Tochter im Highschool-Jahr in Texas Heimweh hat. Wir verfolgen am Liveticker die Champions League, sehen auf LinkedIn, wie der Blogbeitrag einer Kollegin abgeht, antworten als Letztes am Abend auf eine Frage im Elternchat und hören als Erstes am Morgen, wie der amerikanische Wahlkampf läuft.

Die schiere Fülle der Nachrichtenlage, der politischen, beruflichen und persönlichen Themen, der nichtigen, wichtigen und todernsten Neuigkeiten, überfordert das klügste Gehirn. Nicht einmal im Sommerloch versickert der Fluss der Themen und Neuigkeiten. Deshalb müssen wir uns unsere Pausen selbst verschaffen. Je intensiver uns das Geschehen um uns herum mitnimmt, desto dringender brauchen wir den Raum für sinnliche, physische Erfahrungen. Vielleicht können wir dann auch wieder ruhiger zuhören, uns auf ein Gespräch einlassen oder in ein Buch vertiefen. Diese Fähigkeiten kommen uns nämlich gerade abhanden.

Ein bisschen analoger zu werden, weil es uns guttut, dafür schafft »No news, no shoes« den Rahmen. Die Malediven-Philosophie bietet das perfekte Kontrastprogramm zu unserer immer hektischeren, immer digitaleren Lebensweise – und zwar, das ist entscheidend, innerhalb dieser Lebensweise. Die allerwenigsten von uns wollen sich ja grundsätzlich von der Welt abwenden und auf Nachrichten, Inspiration, Hintergründe und Unterhaltung verzichten. Aber viele spüren das Bedürfnis und die Notwendigkeit, geistige Erschöpfung fern und die Laune hochzuhalten. Mit »No news, no shoes« haben Sie jetzt den passenden Glaubenssatz dafür. Der Gedanke verändert viel, ohne dass Sie sich verändern müssen.

»Beim Nachhausekommen ist es für uns ein Ritual, die Schuhe am Eingang auszuziehen«, schreibt jemand auf

LinkedIn, der die »No news, no shoes«-Philosophie aus dem Urlaub mitgebracht hat und nun mit seiner Familie in den Alltag integriert. »Jeder Schritt, den wir barfuß gehen, erdet uns. Wir spüren den Boden unter den Füßen. Die einfache Gewohnheit verwandelt uns und erfüllt das Haus mit einem Gefühl von Ruhe und Gelassenheit. Wir laden uns damit gegenseitig ein, achtsamer zu sein und jeden Moment zu genießen.«

Natürlich sieht intensives Zu-sich-Kommen im Einzelnen für jeden von uns anders aus. »No news, no shoes« ist für diesen Zustand nur eine Metapher. Wie Sie ihn konkret erreichen, hängt von Ihren Vorlieben ab. Vielleicht powern Sie sich in freien Stunden gern draußen aus, vielleicht höhlen Sie sich lieber drinnen ein. Was Ihnen Ihr Aperol Spritz ist, ist anderen das kühle Bier. Mal findet sich der passende Vibe bei Billie Eilish, mal bei Edward Elgar. Auf jeden Fall, finde ich, gehören zum Innehalten die drei K dazu: Kuchen, Kaffee, Kerzen. Genauso wie Qualitätszeitungen und gedruckte Bücher. Anders als fragmentierte News und ruckelnde Clips auf dem Display laden sie nämlich ein, tief in Geschichten oder Themen einzutauchen.

Analog ist das neue Bio, habe ich einmal gelesen. Der Vergleich trifft es ziemlich exakt. Wie gesunde Ernährung tun uns sinnliche Erfahrungen gut. Sie fliegen uns aber inzwischen nicht mehr wie selbstverständlich zu. Denn das Leben mit allen Sinnen geht nicht, wenn wir am Strand auf dem Notebook arbeiten oder im Bett aufs Handy starren. Es funktioniert nur, wenn wir unsere Bildschirme ab und zu weit weg oder wenigstens zur Seite legen. Auch Netflix und Games bleiben eine Zeit lang besser aus. Sobald wir nämlich zum Smartphone, zur Fernbedienung oder zum Joystick greifen (oder auch nur daran denken), holt die Welt uns ein, und Anwesende bleiben schon wieder außen vor. Die Mannschaft mag noch so großartig spielen, ein Essen noch so schön angerichtet oder der liebste Mensch noch so nahe sein, kaum lockt die digitale Verführung, verflüchtigt sich der Zauber des Augenblicks. Die Konzentration geht flöten. Die Gedanken schweifen ab. Völlig nebensächlich ist hingegen, ob Sie den Tag lieber barfuß oder in Socken genießen. Hauptsache, Sie streifen mit dem Schuhwerk Druck und Trubel ab. Und leben eine Weile in den Tag hinein. Ohne Termine, Push-Nachrichten und Gepiepse.

Regelmäßig praktiziert bringt »No news, no shoes« das Wesentliche ins Leben zurück: Muse und Freiheit, Kreativität und vertieftes Denken, den Luxus des ungestörten Beisammenseins und das Glück der kleinen Dinge. Deshalb kann man es fast nicht überdosieren. Am besten gönnen Sie sich jeden Tag so viel davon, wie sie können. Und in den Ferien hören Sie überhaupt nicht mehr damit auf. Denn um es mit der Schauspielerin Mae West zu sagen: »Zu viel des Guten kann wundervoll sein.«

18

ICH BIN NICHT NEIDISCH, ICH BIN INSPIRIERT

Normalerweise geht es bei meiner Lieblingseisdiele gemütlich zu, wenn ich am späten Nachmittag dorthin radle. An diesem Tag allerdings drängte sich vor mir eine Ausflugsgruppe mit großem Hallo. Was nimmst du denn? Wer bringt wem was mit? Ach, für mich bitte einen Espresso dazu! Endlich war die Gruppe versorgt und ich an der Reihe. Im gleichen Moment wirbelte eine junge Frau herein und verlangte in geübtem Italienisch, was ich selbst gerade bestellen wollte: eine Kugel Himbeer-Joghurt im Becher, mit Waffel. Ich spürte einen Stich. Die Lust auf Eis schmolz dahin, und es lag nicht am langen Warten. Meine Laune hellte sich auch nicht auf, als die Vordränglerin die Münzen abgezählt auf die Theke warf, mich anstrahlte und so schnell entschwand, wie sie gekommen war.

Danach bekam auch ich meine Portion, sogar eine extra große, und fand eine ruhige Parkbank. Ich musste meine Gefühle nicht lang unter die Lupe nehmen. Sie waren nicht dem Ärger geschuldet, dass ich mich widerstandslos abdrängen ließ. Und auch nicht der Eifersucht, dass die andere so fantastisch italienisch sprach, wie ich es gern könnte. Was mich wurmte, war ein anderer Vergleich: Dieses Unangestrengte, Leichte hätte ich auch gern in mir. Sich vergnügt ins Ziel zu charmieren, statt zu warten, bis man an der Reihe ist … »Ich bin nicht neidisch, ich bin inspiriert«, schritt meine innere Stimme ein. Der lang bewährte Glaubenssatz kam wie gerufen. Bei nächster Gelegenheit lächele ich mich auch nach vorn, nahm ich mir vor, und fühlte mich umgehend besser. Neid kann etwas bewirken, wenn man aus ihm herausfindet. Alles andere wäre auch albern, mit der Sonne im Gesicht und dem Eisgeschmack im Mund.

Unsere Welt ist auf Vergleich angelegt. Wer hat das tollste Rennrad, die klimafreundlichste Heizung, den fittesten Körper zwei Monate nach der Entbindung? Die klügsten Kinder, den coolsten Arbeitgeber, das entspannteste Lebensgefühl, die meisten Follower, den interessantesten Freundeskreis? Manchmal könnte man beim bloßen Zuhören neidisch werden. Denn auch wenn man es aus Stolz nicht zeigt: Es weckt Unterlegenheitsgefühle, nicht mithalten zu können, wo man gern mithalten würde. Laut dem Marktforschungsinstitut OmniQuest wurmt diese Zurücksetzung besonders Frauen, Jüngere und Besserverdienende. Auch regional gibt es Unterschiede. In den reicheren Bundesländern zum Beispiel bricht sich Neid stärker Bahn. Die Spitze der Begehrlichkeiten führen finanzielle Unabhängigkeit, häufige Reisen und ein schickes Haus an, gefolgt von Karriere und einem glücklichen Familienleben.[39] Davon abgesehen hängt Neid immer auch vom Kontext ab. Im Grunde ist kein Vorteil zu belanglos, als dass man ihn nicht gerne selbst in Anspruch nähme.

Kürzlich bei einem Conference Dinner in Kanada. Eine gemeinsam angereiste Forschungsgruppe unterhält sich über das Hotel und wer welche Art von Zimmer bewohnt. Alle Teilnehmer, ob Professoren, Studierende oder wissenschaftliche Mitarbeiter, zahlen den gleichen ermäßigten Preis. Doch bei der Zimmerlotterie gibt es Unterschiede. Während die einen in den unteren Stockwerken im langen Schatten eines gegenüberliegenden Hochhauses aufwachen, liegt denen, die weiter oben untergebracht sind, der Hafen zu Füßen. Das große Los hat eine angehende Doktorandin gezogen: Ihr Zimmer schwebt hoch oben in der 22. Etage. Mit der Aussicht, die sie dort genießt, muss sie nicht angeben. Die anderen schlucken auch so.

Natürlich reagieren wir nicht alle gleichermaßen neidisch auf Unterschiede und Ungerechtigkeiten. Manche Menschen können besser gönnen als andere. Bestimmte Vergleichsdimensionen lassen uns von Haus aus kalt. Wer zum Beispiel ungern fliegt, nimmt Fernreisen von Freunden mit Gleichmut hin. Trotzdem wage ich zu behaupten: Völlig frei von Neid ist niemand. Wie sollte es auch anders sein? Das Leben ist selten fair, Niederlagen passieren, und natürlich wissen wir uns im sozialen Schnellcheck lieber auf der Gewinnerseite, erst recht, wenn es nicht nur um ein begehrenswertes Upgrade geht, sondern um die dicken Bretter im Leben: die fröhliche Familie, den erfüllenden Job, die kreative Ader, den wahnsinnig netten Umgangston, die dank Elternzuschuss finanzierte Eigentumswohnung. Eben das ganze sorglose Glück, jedenfalls sieht es von außen so aus. Meint das Schicksal es in dem einen oder anderen Punkt weniger gut mit uns, tragen wir gleich dreifach den Schaden davon.

Erstens: Wir müssen damit leben, weniger begütert, geliebt, gesund, gebildet oder angesehen zu sein.

Zweitens: Es kann wehtun, wenn andere über Möglichkeiten und Qualitäten verfügen, von denen man nur träumen kann.

Und drittens: Unsere Gesellschaft verachtet kaum eine Regung so sehr wie den Wunsch: Das will ich auch. Da will ich mithalten können. Warum sollte ich nicht das Gleiche erreichen?

Von der Antike an gilt Neid als kleines, fieses Gefühl. Was der römische Dichter Ovid in seinen *Metamorphosen* über Invidia, die Göttin des Neides, schrieb, wäre heute Bodyshaming: »Bleich sind Wangen und Mund, die Dämonin ist mager am ganzen Leib, stets schielt sie querüber, von Rost sind dunkel die Zähne, grün von Galle die Brust … der Menschen unwillkommne Erfolge betrachtet sie, und im Betrachten zehrt sie sich ab.« Ein instagrammables Lebensgefühl sieht anders aus.

Kein Wunder, dass wir eigene Anflüge von Neid lieber für uns behalten. Völlig unvorstellbar zum Beispiel, im Bewerbungsinterview ausgerechnet Missgunst als Schwäche zu nennen. Viel leichter bekennen wir uns dazu, gelegentlich chaotisch zu sein oder ungern öffentlich zu reden. Ganz offen zu begehren, was andere haben, hingegen geht gar nicht. Schade eigentlich. Denn wie jedes starke Gefühl macht Neid uns Beine. Jedenfalls hat er das Zeug dazu.

Perspektivenwechsel ist kein Modewort. Ein veränderter Blickwinkel verrückt unsere Standpunkte und lenkt das Denken in neue Bahnen. Genau diese Power steckt in dem Spruch »Ich bin nicht neidisch, ich bin inspiriert«. Die neue Etikettierung befreit den Neid von seinem Schmuddel-Image. Wie selbstverständlich stellt sie die Vorstellung auf den Kopf, Neid müsse eine toxische Mischung aus Erfolgssucht, Missgunst und Sabotage sein, versteckt hinter einer Maske des falschen Lächelns.

Diese hässliche Art von Neid gibt es natürlich. Die Psychologie spricht von destruktivem Neid, und ähnlich wie Rache schadet er niemandem mehr als denen, die ihn pflegen. Denn zerstörerischer Neid zerfrisst die Seele. Wer Neidgefühle spürt, fühlt sich tendenziell wertlos und findet das Glück ungerecht verteilt. Daraus resultieren Enge, Freudlosigkeit und die Abwertung von anderen. Oder wie es der 1788 geborene Dichter Friedrich Rückert formulierte: »Der Blick des Neides sieht zu seiner eignen Pein / Nur alles Fremde groß und alles eigne klein.« Je schneller wir diesem unguten Zustand entkommen, desto besser für uns. Mit »Ich bin nicht neidisch, ich bin inspiriert« funktioniert das herrlich easy. Die elegante Umdeutung befähigt uns, Neid konstruktiv zu nutzen.

Wer sich von den Vorzügen und Vorteilen anderer angeregt und angespornt fühlt, kann nämlich nicht gleichzeitig missgünstig sein. Beeindruckt und begeistert, dass ja. Vielleicht auch ein bisschen wehmütig über das, was einem selbst entgeht. Zum Beispiel, dass eine Kreuzfahrt in die Karibik nicht drin ist oder der Traum von einer großen bunten Familie wohl unerfüllt bleibt. Vor allem aber ist konstruktiver Neid eine erhellende Informationsveranstaltung: Er schärft den Blick für die eigenen unerfüllten Sehnsüchte. Das Schielen auf das Glück der anderen signalisiert, woran es im eigenen Leben gerade hapert. In solchen Situationen kann es spannend sein, der Sache auf den Grund zu gehen: Was genau reizt mich an den Errungenschaften eines anderen Menschen? Was sagt das über mein Leben aus? Was fehlt mir vielleicht? Wie kann ich die Lücke zwischen Ist- und Wunschzustand verkleinern? Würde ich mit der beneideten Person tauschen wollen? Mit Haut und Haaren und allen Konsequenzen? Welchen Preis würde ich zahlen, um vergleichbare Erfolge einzufahren? Vor allem aber: Was brauche ich, um mich gut zu fühlen? Welche positiven Veränderungen liegen im Radius meiner Möglichkeiten? Und dann ziehen Sie die Konsequenzen. Neid kann ein unglaublicher Ansporn sein, in die Gänge zu kommen. Das ist kein billiger Trost, das ist empirisch belegt.

An der niederländischen Universität Tilburg unterzogen der Soziologe Niels van de Ven und sein Team Studierende einem anspruchsvollen Kreativitätstest. Was die Teilnehmenden nicht wussten: Die Prüfung war nur ein Vorwand. Tatsächlich wollten die Forschenden Klarheit gewinnen, wie sich der soziale Vergleich auf die Leistung auswirkt. Bevor es losging, bekamen die Versuchsgruppen deshalb unterschiedliche Versionen eines fiktiven Zeitungsartikels über einen Spitzenabsolventen namens Hans zu lesen. Die unterschiedlichen Beiträge waren so verfasst, dass die Teilnehmer schlechten Neid, guten Neid oder Bewunderung empfinden sollten. Es zeigte sich: Die gesteuerte Wahrnehmung beeinflusste die Testergebnisse erheblich.

Die mit Abstand besten Resultate erzielte die Teilnehmergruppe, die Hans als inspirierendes Vorbild sah. Deutlich schlechter schnitt die Gruppe ab, die darauf gepolt worden war, Hans den Erfolg zu missgönnen. Aber auch die Teilnehmer, die Hans als Ausnahmetalent bestaunten, konnten nicht profitieren. Offensichtlich wirkt Ehrfurcht eher lähmend als beflügelnd.[40]

Seine stärkste Kraft entfaltet konstruktiver Neid, wenn wir jemanden um ein Können oder eine innere Qualität beneiden. Angenommen, man beobachtet eifersüchtig, wie eine Kollegin vor herzlicher Großzügigkeit sprüht. In diesem Fall hält einen nichts davon ab, es ihr gleichzutun. Vielleicht reicht man nie ganz an sie heran, schließlich perfektioniert sie schon länger die Kunst, Menschen nahe zu sein. Aber ganz sicher macht man von ihr inspiriert einen Sprung nach vorn. Und wenn man irgendwann später damals und heute vergleicht, merkt man: Etwaige Neidgefühle haben sich erledigt. Womit wir bei der wirksamsten Detox-Methode gegen Vergleichssucht überhaupt angelangt sind: Lassen Sie sich von den Erfolgen anderer befeuern. Aber wenn Sie sich vergleichen, dann am besten mit sich selbst!

Ich höre schon die Einwände: Es anderen durch Nacheifern gleichzutun, mag in manchen Fällen eine Lösung sein. Aber längst nicht jeder Unterschied lässt sich verwischen, indem wir uns reinhängen. Das stimmt. Richtet sich unser Neid auf angeborene Talente und materielle Güter, zieht uns der Realitätscheck so manchen Zahn. Die unverwüstliche Gesundheit, die fette Erbschaft, die Spitzenkarriere, die charismatische Stimme oder die einmalige Geschäftsidee macht man nicht so leicht nach. Vielleicht bleiben uns vergleichbare Dimensionen sogar für immer verschlossen. Das ist so. Es gibt Realitäten, die man nur annehmen kann. Machtlos sind wir deshalb allerdings nicht. Jede Situation enthält Aspekte, die in unserer Hand liegen. Allerdings muss man darauf erst einmal kommen.

Ein Mitreisender im ICE nach Mannheim hat für sich den Dreh gefunden. »Ehrlich jetzt? Es hat mich echt angefressen, dass meine Freundin für den Master nach Boston geht«, plauderte er zum Mithören im Großraum ins Handy. »Harvard, das musst du dir vorstellen. Damit kann ich nicht mithalten. Wir hatten voll die Krise deswegen. Jetzt habe ich angefangen, für den Iron Man zu trainieren. Ich sag dir: der Wahnsinn … Ja, ja … genau … Ja, mit Luisa läufts wieder super.« So einfach kann es gehen. Nehmen Sie Neidgefühle als Anreiz, zu verstärken, was *Sie* auszeichnet. Was *Sie* herausfordert. Und *Sie* ein bisschen mehr zu dem Menschen macht, der *Sie* sein möchten. Das Gute ist ja: Wir müssen es anderen nicht gleichtun, um mit ihnen gleichzuziehen. Jede Art von Ausgleich hilft, damit Neidgefühle verwehen.

»Ich bin nicht neidisch, ich bin inspiriert.« Ich liebe diesen Satz. Wie von Zauberhand bewirkt er seine Magie. Okay, vielleicht wird es mit dem eigenen Ferienhaus, dem Bestsellerroman oder dem fließenden Italienisch im Leben nichts mehr. Aber für zwei Wochen eine Hütte in den Bergen zu mieten, ein Bullet-Journal anzufangen oder das Eis demnächst mal selbst zu machen, liegt absolut im Rahmen des Möglichen. Probieren Sie es einfach aus: Je mehr Sie auf Dinge hinarbeiten, die Sie glücklich machen, desto leichter gönnen Sie auch anderen ihre Triumphe.

19

PARIS IST IMMER EINE GUTE IDEE

Haben Sie irgendwann mal die Filmkomödie *Sabrina* gesehen? Es gibt gleich zwei Versionen über die junge Amerikanerin, die in einer Art Gap Year in Paris sich und ihr Selbstbewusstsein findet. Beide sind herrliches Rühr-Kino, und egal ob Sie sich im Original mit Audrey Hepburn oder im Remake mit Julia Ormond in die Stadt des Lichts träumen, wenn der Abspann läuft, spürt man ganz fest: »Paris ist immer eine gute Idee.« Jedenfalls geht es mir so. Der Satz sagt mir viel, denn zufälligerweise erschloss Paris auch meinem 17-jährigen Ich eine neue Welt. Die ersten Reisen ohne meine Eltern, der Eiffelturm, der Louvre, neue Freunde, die erste Liebe, die Bateaux Mouches, dazu der Sound von Jacques Brel und Georges Moustaki. Es gab kein Klischee, dem ich nicht erlegen wäre. Ein bisschen wie *Emily in Paris*, eine der erfolgreichsten Netflix-Shows der letzten Jahre. Nur dass es schon eine Ewigkeit her ist und ich nicht Chanel und Miu Miu dabei trug.

Deshalb also Paris. Davon abgesehen funktioniert der Satz über diesem Kapitel mit jedem anderen Ortsnamen genauso gut. Denn natürlich sind auch Wien, Melbourne,

Kopenhagen und jeder andere Fleck auf der Welt, der etwas in Ihnen zum Klingen bringt, eine gute und mindestens ebenso gute Idee wie Paris. Inzwischen steht die Stadt der Liebe ja nicht einmal mehr auf der Liste der 20 lebenswertesten Städte. Doch darum geht es auch nicht. Dieses Kapitel handelt nicht von Touristenattraktionen. Es handelt von der Magie, die fremde Orte und Umgebungen auf uns ausüben. Um sie zu fühlen, müssen wir nicht einmal zwingend dort anwesend sein. Schon der Gedanke an Lieblingsorte entspannt die Seele. Ob der Sehnsuchtsort dann Bali heißt, Barcelona oder Biberwier, spielt die geringste Rolle.

Mag sein, dass Sie es daheim am schönsten finden, nach dem Motto von Satz 7: »Es gibt nichts Wohligeres, als zu Hause zu sein.« Ich würde dem für mich sofort zustimmen, erst recht, seit es auch bei uns richtige Sommer gibt, wenn auch aus den falschen Gründen. So gesehen kann, wer möchte, auch zu Hause aufs Schönste zu sich finden. Sogar super preiswert und fast CO_2-neutral. Allerdings bedeutet zu Hause auch: der Wecker, das Büro, der chaotische Keller, die tausendmal gelaufenen Wege, die hundertmal gehörten Kollegensprüche, die pflegebedürftigen Eltern, dauernde Erreichbarkeit und manchmal ein unmenschlicher Druck. Gegen all das hilft in vielen, wenn auch nicht allen Fällen: Tapetenwechsel. Egal, ob er in S oder XL daherkommt, als Kulturtrip, Weltreise, Wellness-Wochenende, Auslandsjahr, Bergtour oder im Camping-Van. Hauptsache, Hirn und Psyche bekommen Abstand zum Trott.

Ob man irgendwo weit weg ausgelassen feiert oder am Traumstrand zuschaut, wie die Sonne im Meer versinkt,

Pausen vom Alltag stärken das Wohlgefühl. Studien zufolge sinkt nach ein, zwei Tagen in einer veränderten Umgebung das Stresshormon Cortisol. Durchatmen, innehalten und neue Reize heben die Laune und mit ihr das Selbstbewusstsein. Hinzu kommt ein Bonus, der allen Selbstoptimierern das Herz aufgehen lässt: Ungewohnte Orte lassen uns die Welt mit anderen Augen sehen. Sie katapultieren uns aus den gewohnten Denkmustern heraus. In Paris oder Phuket benötigt nicht nur die elektrische Zahnbürste einen Adapter. Auch wir selbst müssen uns anpassen: die andere Sprache, fremde Menschen, ein anderes Licht und die Überlegung, ob sich die teure City Card für öffentliche Verkehrsmittel und Zutritt zu 80 Attraktionen jetzt wirklich auszahlt?

Ganz gleich, wie weltläufig wir sind: Neue Orte bringen uns oft zum Staunen und manchmal zum Verzweifeln. Beides stärkt die kognitive Flexibilität. Falls schon einmal ein Teil Ihrer Gepäckstücke auf einem Flug verloren ging oder an der Ostsee im Juli kein einziger Strandkorb mehr zu haben war, wissen Sie, was ich meine: Fremd und unterwegs zu sein, bedeutet selten Erholung pur. Es verändert unseren Blick auf uns selbst. Fast jede Reise zwingt uns auch die Fähigkeit ab, Veränderungen zu akzeptieren und neue Handlungsstrategien auszuprobieren. Eine »Differenzerfahrung« nennt die Tourismusforscherin Kristiane Klemm das Reisen. Mehr als in jedem Seminar trainieren wir an neuen Orten die Geisteshaltung, zu improvisieren und uns auf fremde Konzepte einzulassen. Wie von selbst füllt sich der Kopf dabei mit neuen Eindrücken. »Was ist Reisen? Ein Ortswechsel?«, fragte der französische Literaturnobelpreisträger Anatole France.

»Keineswegs! Beim Reisen wechselt man seine Meinungen und Vorurteile.« Im besten Sinn des Wortes kommen wir unterwegs auf andere Gedanken. Der Alltagsblues verliert an Bedeutung. Und das alles vor schönster Urlaubskulisse.

Was so selbstverständlich klingt, können wir nicht hoch genug einschätzen. Denn auch im wohlhabenden Deutschland leben nicht alle in einer anregenden Stadt oder spektakulär schöner Natur. Für die meisten von uns spielt sich ein großer Teil des Lebens zwischen Neubauvierteln, Bürogebäuden und gleichförmigen Innenstädten ab. Am fremden Ort hingegen bewegen wir uns dort, wo die Welt unserem romantischen Idealbild entspricht: in historischen Altstädten, auf Wochenmärkten, zwischen prachtvollen Palazzi, in aufregenden Museen oder in unberührter Natur. Wir stehen in echt vor der Mona Lisa, bestaunen Sonnenuntergänge oder preschen auf der Suche nach Orcas in einem Zodiac-Boot die Küste entlang.

Zugegeben: Unsere Erlebnisse spiegeln die Realität im Reiseland oft nur geschönt wider. »Du behandelst Paris, als wäre es ein Freizeitpark«, beschwert sich jemand bei Emily in der gleichnamigen Netflix-Show. Et alors? Der Biss in ein frisch gekauftes Croissant, das Schlendern über einen mediterranen Wochenmarkt, der Aufstieg auf einen Gipfel, die Klänge von Straßenmusik sind sinnliche, physische Erfahrungen. Ihre Intensität toppt jede Doku und stellt jeden Blick ins Tablet in den Schatten. Denn die Digitalversion der Mona Lisa offenbart zwar Details, die dem bloßen Auge verborgen bleiben. Wir erleben dabei aber wenig Resonanz, jenen diffusen Zustand, in dem

Natur, Kunst oder die Begegnung mit anderen Menschen etwas in uns zum Schwingen bringen.

Vermutlich wissen Sie daher so gut wie ich: Am lebendigsten fühlen Sie sich an Orten, an denen Sie authentische, analoge Erfahrungen machen. Also: gehen, schauen, hören, schmecken, riechen. Am leichtesten geht das unterwegs. Fern vom Alltag genießen wir bewusster und fühlen intensiver. Wir sehen, so erklärt es der Resonanzforscher und Soziologe Hartmut Rosa, unsere Grundsehnsucht nach einer Welt erfüllt, die uns antwortet. Lebenspraller findet sich der gleiche Gedanke bei Kurt Tucholsky: »Tauch in fremde Städte ein, / lauf in fremde Gassen; / höre fremde Menschen schrein, / trink aus fremden Tassen.« Mit den Reimen im Kopf habe ich mich kürzlich durch Kopenhagen treiben lassen. Was soll ich sagen: Auch die Stadt der Fahrräder, des Designs und der guten Laune ist eine super Idee, wenn Sie Eindrücke suchen, die nachklingen.

Topophilie bezeichnet die Liebe zu einem als anziehend empfundenen Ort. Das Wort, das ich gerade neu meinem Vokabular einverleibe, hat Wystan Hugh Auden geprägt, einer der größten englischen Dichter des 20. Jahrhunderts. Er bezeichnete damit die starke psychologische Anziehung, die Lieblingsorte auf uns ausüben, besonders solche, die Geschichte haben. Wenn Sie also schon mal Zeuge geworden sind, wie jemand »mein Sylt« oder »mein Rom« sagt, dann haben Sie einen klaren Fall von positiver Ortsverbundenheit erlebt. Deren Effekt wurde inzwischen sogar wissenschaftlich belegt. Forschungen an der Universität von Surrey zeigen: Geliebte Orte aktivieren

Gehirnbereiche, die für Bewertungen und die Verarbeitung von Emotionen zuständig sind. Diese Aktivierung fällt deutlich höher aus als beispielsweise bei geliebten Objekten. So berührt Menschen der Ort, an dem sie geheiratet haben, in der Regel mehr als ihr Trauring oder ein noch so gelungenes Hochzeitsfoto.[41] Das Erstaunliche ist: Kaum jemand kann sich diesem Effekt entziehen. Neun von zehn Befragten empfinden Lieblingsorte als einen Teil von sich. Fast genauso viele fühlen sich davon angezogen wie von einer magnetischen Kraft.

Ganz generell erweisen sich Ortswechsel also als gute Idee. Lieblingsplätze jenseits des eigenen Zuhauses helfen uns, raus, runter und zu uns zu kommen. Welche Orte der Welt Sie am meisten verzaubern, kann Ihnen allerdings keine Studie sagen. Das wissen nur Sie. Zum Glück. Sonst würden wir uns alle an denselben Hotspots in die Quere kommen, noch mehr, als wir es ohnehin schon tun. So aber hängt es ganz allein von Ihnen ab, welche Orte Ihnen am meisten geben. Was ja nur logisch ist. Wer Abenteuer und Abwechslung will, findet sein Elixier anderswo als jemand, der Kunst und Ästhetik sucht. Auch im Lauf eines Lebens gibt es Verschiebungen. Wenn ich heute nach Paris reise, buche ich am liebsten ein Hotel in Versailles. Früher hätte ich die Vorstellung absurd gefunden. Jetzt gefällt es mir, morgens mit dem RER C ins Zentrum zu fahren und nachmittags zurück in den historischen Vorort, wo schon der Sonnenkönig die Sommer verbrachte. Wie gesagt: Die Vorlieben sind breit gestreut.

Und wissen Sie das Allerbeste? Um an die Ziele Ihrer Sehnsucht zu gelangen, können Ihnen Benzinpreise und

Bahnstreiks schnuppe sein. Wer sich auf seine Fantasie besinnt, kann auch gedanklich in die Ferne schweifen. Denn wir bringen von unseren Reisen so viel mehr mit als Sandkörner und Selfies. Die besten Lieblingsplätze, ob in Australien oder im Ausseerland, erfüllen Sie nicht nur kurzfristig mit neuem Auftrieb. Sie wirken bleibend auf Ihre Psyche und Ihr Denken ein. Manchmal verändern sie sogar das ganze Leben. »Es ist so rasch vorbeigegangen«, sagt Sabrina über ihr Jahr in Paris. »Auf der anderen Seite der Straße spielt jemand ›La vie en rose‹. Es bedeutet, das Leben durch eine rosa getönte Brille zu sehen. Nur in Paris mit seinem pinkfarbenen Licht macht dieses Lied Sinn, aber ich habe es dabei, wenn ich nach Hause komme, und nehme es mit, wohin ich auch gehe.«

Vermutlich kennen Sie das Gefühl. Auch wenn uns der Alltag wiederhat, tut uns der Gedanke an einen Sehnsuchtsort gut. Sogar Jahre später hat es eine therapeutische Wirkung, wenn wir uns in der Vorstellung dorthin versetzen. Der bei Paris geborene Schriftsteller Marcel Proust hat den Effekt in dem Romanzyklus *Auf der Suche nach der verlorenen Zeit* verewigt. In der berühmten Szene mit der Madeleine taucht der Erzähler des Romans gedankenverloren das muschelförmige Gebäck in eine Tasse Tee. Unversehens ist die Erinnerung an den Ort wieder da, wo er als Junge die Ferien verbrachte. Mit einem Schlag durchströmt ihn ein unerhörtes Glücksgefühl. »Ich hatte aufgehört«, so heißt es im Roman, »mich mittelmäßig, zufallsbedingt, sterblich zu fühlen.«

Es sind Kleinigkeiten, die uns unseren Lieblingsorten nahebringen: ein ganz bestimmter Song, das Knarren eines

Holzstegs, eine Schale bunter Macarons. Wenn Ihnen also beim nächsten Mal trübe Gedanken durch den Kopf gehen oder Ihre Zahnärztin zur Wurzelbehandlung ansetzt, dann denken Sie sich einfach nach Paris. Oder einen anderen Ort, der Sie schon in Gedanken glücklich macht. Laufen Sie durch die Straßen, bemerken Sie das ungewohnte Licht, und von irgendwoher erklingt eine Melodie … Je emotionaler Sie sich »Ihrem Ort« verbunden fühlen, desto leichter zaubern Sie ihn auch in Ihrer Vorstellung herbei.

20

ICH BIN VÖLLIG UNKOMPLIZIERT, SOLANGE KEINE ANDEREN LEBEWESEN BETEILIGT SIND

Seit Wochen freut sie sich darauf: die ganze Familie zum Osterbrunch im neuen Haus. Möhrenkuchen, Eiersalat, frische Kräuter, dazu ein Flammlachs vom Grill. Durch die Terrassentüren flutet die Sonne herein, in einer Schale sind farbige Eier arrangiert, es wirkt leicht und zwanglos, als könnte es nur so und nicht anders sein. Dann klingelt es, die ersten Gäste sind da, und noch bevor der Kaffee auf den Tisch kommt, ist die Atmosphäre dahin. So jedenfalls erscheint es Marie. Im Wohnzimmer verteilt der Neffe seine Plastikmonster, die Schwägerin hat eine grellbunte Decke dabei, falls es draußen kühl sein sollte, jemand hat Osternester aus dem Supermarkt auf dem gedeckten Tisch abgestellt. Marie geht darüber hinweg, ordnet, räumt beiseite und fühlt den Stress in sich blubbern. Ein paar Tage später berichtet sie temperamentvoll im Freundinnenkreis.

»Dabei bin ich wirklich ein unkomplizierter Mensch«, endet sie ihren Bericht, und die anderen unterdrücken ein Grinsen.

»Ja, besonders wenn keine anderen Menschen dabei sind«, kommentiert Laura und mustert sie über die Brillenränder hinweg.

»Das ist wahr«, bekennt Marie, die zwar Chaos schlecht ertragen, Feedbacks aber gut annehmen kann. »Das offene Haus ist ein Traum. Aber wenn wir Gäste haben, machen sie mit ihrem Zeug die ganze Stimmung zunichte. Weißt du, was ich meine?«

Ich weiß genau, was sie meint. Unangestrengte Gelassenheit ist eine wunderbare Vorstellung. Es gibt nichts Schöneres, als wenn alle unkompliziert zusammensitzen, reden, arbeiten, lachen. Darüber vergessen wir schon mal: Familie, Freundinnen und Freunde, Kolleginnen und Nachbarn sind keine Statisten in unserer Inszenierung. Sie bringen ihre eigenen Vorstellungen und Vorlieben mit. Am Anfang steht deshalb die Einsicht: Das Ideal von der Unkompliziertheit erweist sich im Praxistest als ziemlich kompliziert.

Wie in der Mode kommen und gehen auch beim Thema »Bewusst leben« die Trends. Als ich mein erstes Buch schrieb, hieß das wichtigste Zauberwort Erfolg. Dann merkten die, die ihn hatten, Leistung und Karriere sind nicht alles. Also wandten wir uns kollektiv der Suche nach dem Genuss zu. Der Wunsch nach Erfolg wurde deshalb nicht kleiner. Doch Spaß und schöne Erlebnisse, Weine, Reisen und Events stiegen im Kurs. Später hatten wir auch dieses Thema durch, und auf den Genuss folgte die Entspanntheit als vermeintlich höchste Erfüllung. Und nun weckt das Unkomplizierte die Begehrlichkeiten. In einer Realität, in der gerade vieles nicht reibungsfrei läuft, sehnen wir uns danach, dass sich wenigstens im eigenen Umfeld das Leben leicht anfühlt.

Der Hang zum Unbeschwerten bedeutete allerdings selten, dass wir Abstriche im Ergebnis machen. Oft geht es darum, dass man den Aufwand nicht merkt, der hinter dem perfekten Beruf, dem schönen Wohnen, der Bilderbuchfamilie, den zwanglosen Einladungen oder auch der griffigen Darstellung eines komplexen Themas steckt. Denn das Einfache ist selten einfach gemacht. Ein Text zum Beispiel, der sich am Ende leicht runterliest, schreibt sich keineswegs mal nebenbei. Das Gleiche gilt auch für alles andere, was uns scheinbar locker von der Hand geht. Harmonische Beziehungen bekommen wir ebenso wenig geschenkt wie eine mathematische Formel voller Logik und Klarheit oder eine Hochzeitsfeier, bei der alles wie am Schnürchen läuft. Immer braucht es jemanden, der im Hintergrund den Willen aufbringt, die Dinge einfach und schön zu machen.

Unkompliziertheit lässt sich also gestalten. Deshalb haben auch Menschen mit eher kompliziertem Persönlichkeitsprofil das Zeug dazu. Nehmen wir als vielleicht bekanntestes Beispiel Steve Jobs. Wenn der Apple-CEO in Jeans und schwarzem Rolli die Bühne betrat, durfte man sich einer umwerfenden Produktankündigung sicher sein. Seine einleuchtenden Präsentationen trugen die gleiche Handschrift, die auch das iPhone prägt, das Tool, das uns vieles im Leben so viel einfacher macht. Deshalb wirkt es fast paradox, dass Steve Jobs alles andere als ein unkomplizierter Charakter war. Er galt als launenhaft, tyrannisch und manischer Mikromanager. Nicht nur seine Kritiker beschäftigt deshalb die Frage: Wie kann es sein, dass ausgerechnet der Meister des Unkomplizierten so schwierig im Umgang war?

Vermutlich liegt die Erklärung ganz nah: Unkompliziertheit ist eine schwammige Vokabel. Sie kann sich auf alles und jedes beziehen, auf Menschen, Kochrezepte, Lebensstile, Yoga-Workouts, Bewerbungsprozesse. Deshalb haben wir zwar eine vage Vorstellung, was unkompliziert heißt. Unkomplizierte Menschen zum Beispiel, darauf können wir uns vermutlich einigen, bringen niemanden in Verlegenheit und ersparen anderen Dramen, Streit und Durcheinander. Sie wollen keinen Stress und brauchen keine Extrawurst. Das war es dann aber auch schon mit der einfachen Erklärung. Wie sich schnell herausstellt, steckt der Teufel nämlich im Detail.

Annika fährt am liebsten Auto (»Ist einfach am unkompliziertesten«), Felix bevorzugt mit dem genau gleichen Argument die Bahn. Sami ist überzeugt, ein durchdachter Plan erleichtere vieles, seine Mitgründerin legt lieber direkt los, ohne umständlichen Vorlauf, alles andere wäre ihr, Sie ahnen es, echt zu kompliziert. Marie meint, unkomplizierter als sie kann man ein Haus nicht dekorieren (»Das Einfache ist oft das Eleganteste.«). Ihre Schwester findet es am wenigsten kompliziert, wenn man den Tisch von überflüssigem Klimbim freihält, erst recht mit den Kindern.

Sie merken schon: Wenn wir unkompliziert sind, dann auf unsere eigene Art. Deshalb kriegen es alle allein gut hin, dass es wirkt, als sei alles ganz leicht. Feinsinnige nehmen sich bewusst weniger vor, umgeben sich mit wohltuenden Menschen, bringen vom Spaziergang

Hagebuttenzweige mit und suchen nach Ruhe und Trost in Kunstausstellungen oder beim Baden im Baggersee. Praktisch Denkende entmüllen den Keller oder füllen regelmäßig Kühlschrank, Gefriertruhe und Vorratsdosen mit vorbereiteten Gerichten auf. Projekte arbeitet man je nach Vorliebe strukturiert ab oder agil, eben so, wie es für einen selbst besonders glatt läuft. Alles easy. Alles gut. Bis uns die Realität einholt und andere Personen unsere Kreise stören. Dann geraten die Strategien, mit denen wir uns das Leben einfacher machen, irritierend schnell durcheinander.

Denn natürlich schwingen wir mit vielen Menschen auf einer Wellenlänge. Mit vielen anderen allerdings nicht. Es gibt immer Menschen, die uns mehr Kraft rauben, als sie zurückgeben. Sie müssen dabei nicht gleich manipulativ oder toxisch sein. Vielleicht reden sie nur ohne Punkt und Komma, sehen alles schwarz oder ticken anders als wir. Aus irgendeinem Grund jedenfalls gestaltet sich das Zusammensein mit ihnen kompliziert. Wenn es ganz schlecht läuft, sind wir in ihrer Gegenwart angespannt, der Blick gleitet weg, wir fühlen uns unruhig und finden schwerer als sonst die richtigen Worte. Manchmal erscheint es deshalb am einfachsten, anstrengende Kontakte zu meiden. Die stressfreie Strategie ist vor allem bei jungen Erwachsenen beliebt. »Wenn wir uns heute mit einem Menschen nicht wohlfühlen, halten uns keine Bindungen und Hemmungen mehr davon ab, ihn fallen zu lassen«, heißt es in einer Studie der McCann Worldgroup über die Generation Z.[42] Das vereinfacht vieles. Allerdings geht aus der Studie auch hervor: Die Generation Z fühlt sich einsamer als alle Altersgruppen vor ihr.

Überraschend ist das nicht. Nervende oder polarisierende Zeitgenossen kommen in den besten Familien vor. Und in Unternehmen, Bekanntenkreisen und Nachbarschaften sowieso. Der Rückzug in die eigene Blase bringt deshalb einerseits Erleichterung. Andererseits kann er die Welt empfindlich verengen. Schließlich sind wir Menschen Beziehungswesen, und weniger Kontakte bedeuten auch weniger Gemeinschaftsaktionen und Gespräche. Das muss man wollen, und wenn das bei Ihnen der Fall ist, dann sollten Sie sich unbedingt Satz 23 zu Gemüte führen: »Ich werfe alles hin und werde Prinzessin.«

Wer hingegen findet, zusammen ist man weniger allein, zieht es vielleicht doch vor, sich mit Menschen zu arrangieren, auch wenn man sie im Umgang schwierig findet. Bezeichnenderweise geht das am einfachsten, wenn wir ihnen unkompliziert begegnen. So wie wir Produkte und Abläufe vereinfachen, können wir nämlich auch im Zusammenleben viel dazu beitragen, dass sich das Schwere leicht anfühlt. Oder wenigstens erträglich.

Am besten sind dabei alle dran, denen das unkomplizierte Miteinander schon in die Wiege gelegt wurde. Wer reichlich von dem Persönlichkeitsmerkmal *agreeableness* mitbekommen hat (wörtlich übersetzt: Einigungsfähigkeit), versteht sich zwar mit anderen auch nicht blind. Er oder sie hat aber die Gabe, Ablehnung aufzubrechen und Nähe herzustellen. Als wäre nichts dabei, entwaffnen umgängliche Menschen skeptische Kolleginnen, tauen schweigsame Gesprächspartner auf, gehen über Provokationen hinweg, biegen eine unbequeme Einladung ab, trinken ihren Kaffee mit der Milch, die gerade da ist, und wirken dabei nicht einmal sonderlich angestrengt.

Doch was machen wir anderen? Wie pflegen wir funktionierende Beziehungen zu Menschen, deren Einstellungen verärgern, langweilen oder erstaunen, wenn unsere Umgänglichkeit nicht an die von Mahatma Ghandi oder Mutter Teresa heranreicht? Am leichtesten geht es, wenn wir erst gar nicht so viel erwarten und bewerten. Lieber probieren wir es wie Balu der Bär ganz einfach mit Gemütlichkeit. Mit dem Hängematten-Prinzip – Zuschauen, Durchhängen, Gar-nichts-Tun – sind wir nämlich schon dicht dran am unkomplizierten Miteinander. Wer nicht alles auf die Goldwaage legt, nicht jede Provokation aufgreift und Menschen einen schlechten Tag zugesteht, umschifft viele Klippen, an denen sich andere stoßen. »Eine gewisse Leichtigkeit im Umgange«, empfahl denn auch Freiherr von Knigge, »die Gabe, mit Menschen aller Art zwanglos sich in Gespräche einzulassen und bald zu merken, wen man vor sich hat und was man mit jedem reden könne und müsse, das sind Eigenschaften, die man zu erwerben und auszubauen trachten soll.«

Wenn also demnächst die Schwiegermutter den Strudel mal wieder mit Rosinen backt, obwohl sie weiß, dass man die klebrigen Dinger hasst, dann ignorieren Sie den Anflug von Gekränktheit. Weder thematisieren Sie Ihre Geschmacksvorlieben noch beißen Sie in den immer leicht sauren Apfel der Toleranz. Stattdessen nehmen Sie sich gut gelaunt von der ebenso leckeren Käsetorte. Denn ja, natürlich gibt es Grenzen, die gezogen werden müssen. Aber die wenigsten Hürden sind es wert, dagegen anzurennen. Viel leichter schlendert es sich gemütlich daran vorbei. So manches Thema erledigt sich, wenn wir nicht alles persönlich nehmen, was andere so tun. Wir müssen nicht in jede Diskussion einsteigen und jeden Standpunkt durchsetzen. Wir können Nachsicht üben, wenn etwas nicht ganz so funktioniert, wie wir es ideal fänden, und vielleicht färbt die Haltung sogar auf andere ab. Die Wirkung ist mit Händen greifbar: Statt sich gegenseitig das Leben schwer zu machen, verbringt man Zeit miteinander, hält Urteile in der Schwebe, übergeht Fehler, überhört Kritik und schaut, was jeder fürs Wohlbefinden braucht. Vielleicht macht man es auch wie Marie, denkt wie beim Schach einen Schritt weiter und stellt probehalber einen Korb auf, in dem Gäste ihre Sachen ablegen können. Das klingt simpel. Erweist sich aber bei Marie als unkomplizierte Lösung.

Vermutlich stellen Sie sehr bald fest: Zuhören statt Widerspruch und Gelten-Lassen statt Recht-haben-Wollen kosten wenig und bewirken viel. Der Redefluss plätschert vor sich hin. Ein Hauch von Verbundenheit stellt sich ein. Das Verständnis füreinander wächst. Klar hätte die Schwiegermutter zwei Strudelversionen backen können. Aber wozu der Aufwand? Reden wir nicht gerade von Unkompliziertheit? Mühelosigkeit? Leichtigkeit? Eben.

»Unkomplizierte Menschen erkennen, dass die Dinge nicht so wichtig sind, wie wir sie manchmal machen.« Die Erkenntnis stammt von der Schauspielerin Marguerite Moreau und bewährt sich sogar im Business-Kontext. Neulich ging es in einem Seminar um schwierige Kunden. Die Teilnehmerinnen redeten sich ihre Erfahrungen von der Seele, und ihren Gesichtern war zu entnehmen: Fordernde Anrufer lösen unendlich viel Anspannung aus.

Nur eine Teilnehmerin hielt den Druck locker von sich fern. »Wir wären doch in gleicher Lage auch angefressen. Ich lasse die Leute einfach reden und räume einstweilen meinen Schreibtisch auf«, warf sie ein. »Wenn sie ihren Frust losgeworden sind, sind die meisten ganz lieb.« So einfach, so uneitel kann es gehen. Egal, wie provozierend sich Menschen manchmal verhalten, wer unkompliziert reagiert, kann einiges beitragen, damit sie sich beruhigen.

»Ich bin völlig unkompliziert, solange keine anderen Lebewesen dabei sind.« Der schräge Spruch hat einen ernsten Kern. Denn die Empathie und Leichtigkeit, auf die wir so stolz sind, sollten wir auch in die Welt tragen. Dafür müssen wir nicht einmal viel tun. Manchmal reicht es schon, komplizierten Personen das Gefühl zu geben: Wir wollen etwas von ihnen wissen. Auch wenn wir keineswegs alle ihre Meinungen teilen.

21

GLÄNZT DU NOCH ODER STRAHLST DU SCHON?

Eindruck machen. Likes einsammeln. Kompetenzen nach außen kommunizieren. Leistungen idealisieren. Positive Kommentare genießen. Und bloß keine falsche Bescheidenheit. Wann sind wir eigentlich alle zu unseren eigenen Marketingspezialisten und Imageberaterinnen geworden? Mit den überlegt inszenierten Bilderwelten und den sorgsam kuratierten Storys, die persönlich und unverstellt sind, aber immer so, dass wir gut dabei rüberkommen? Erfolgreich, aber nicht arrogant. Selbstbewusst, aber nicht überheblich. In der Verantwortung und trotzdem zugänglich und echt.

Gute Selbstdarstellung hat einen großen Einfluss. Nicht nur auf die Karriere. Auch auf unser Ansehen im Freundeskreis, beim Elternabend, im Verein. Klar, für Schauspieler, Unternehmerinnen oder Influencer gehört Sichtbarkeit zum Geschäft. Doch auch Menschen wie Sie und ich polieren an ihrer Oberfläche herum. Die Inhalte, die wir in den sozialen Medien teilen, die Bilderwand, vor der wir im Zoom-Meeting sitzen, die beiläufig erwähnten Glanzleistungen, die subtilen Statussymbole und zuallererst und vor allem anderen das Aussehen und Auftreten sind darauf abgestimmt, ein Idealbild unseres Selbst zu schaffen. Mit dem Aufwand dafür beeindrucken wir nicht nur unsere Mitmenschen. Wir versichern uns auch unserer eigenen Identität. Nicht das erschöpfte, blasse Gesicht, das uns morgens aus dem Badezimmerspiegel entgegenblickt, ist unser wahres Ich, sondern jene souveräne, vernetzte, ins rechte Licht gerückte Persönlichkeit, die die Außenwelt zu sehen bekommt.

Das Phänomen ist nicht neu. Schon immer haben Menschen sich geplant von ihrer besten Seite gezeigt. Seit dem Siegeszug der sozialen Medien verfügen wir nur über viel weiter reichende Möglichkeiten dafür. An unserer Motivation, uns immer lächelnd und immer entspannt zu zeigen, hat sich hingegen wenig verändert. Die Schriftstellerin Irmgard Keun hat sie in den 1930er-Jahren in ihrem Roman *Das kunstseidene Mädchen* aufgespießt. »Ich möchte gern furchtbar glücklich sein«, wünscht sich inbrünstig die Heldin des Buchs. »Ich werde ein Glanz.« Der Wunsch ist nachvollziehbar. Nur das Strahlen sollten wir über dem Glanz nicht vergessen. Es ist nämlich in Sachen Wirkung die noch größere Nummer.

Silke ist es ein Rätsel, warum die anderen Referendarinnen den Vorbereitungsdienst an der Grundschule so anstrengend finden. Kinder zu unterrichten, ist ihr eine Freude, und die perfekte Lehrprobe hinzulegen, gehört zur Ausbildung dazu. Also entwirft sie jene minutiös durchkomponierte Zirkusnummer von Unterrichtseinheit, die bei Lehrproben erwartet wird. Dann kommt die große Stunde, und vor ihr sitzen 20 aufgeregte Kinder, dazu der Seminarlehrer, die Betreuungslehrerin und die Schuldirektorin. 20 Minuten lang läuft alles nach Plan, und die Klasse macht wie eingeschult mit. Mittendrin klagt ein Schüler über Bauchweh, legt den Kopf auf die Arme, wimmert leise. Silke kennt das schon, bei Henry kommt das öfter vor. Ohne Zögern schreibt sie die vorbedachte Planung in den Wind, kümmert sich, besänftigt wie an einem normalen Tag, als wäre sie mit der Klasse allein. Nachdem sie Henry versorgt hat, ist die Zeit für den geplanten Stundenverlauf knapp geworden. Ehe sie sichs versieht, ertönt der Gong. Silke verabschiedet die Kinder und wendet sich dem Gremium zu. Der Transfer des Gelernten ist zwar notgedrungen unter den Tisch gefallen. Aber sie hat gezeigt, was sie kann, und zwar nicht geschönt, sondern in echt. Der Seminarlehrer blättert in seinen Notizen. »Da ist ja einiges aus dem Ruder gelaufen«, lautet sein erster Satz. Silke geht darüber hinweg und stellt ihre Planung und Methoden vor. Der Seminarlehrer verzieht keine Miene. Dann, bei der Beratung des Gremiums, vergleicht er die fehlerlose Leistung einer anderen Anwärterin mit dem Stundenverlauf bei Silke. Die Schuldirektorin runzelt die Stirn. »Die beiden sind jetzt seit einem halben Jahr an meiner Schule«, sagt sie dann. »Und selbstverständlich macht Antonia ihre Sache glänzend. Aber Silke … von Silke geht ein inneres Strahlen aus.«

Manche Geschichten erreichen einen über fünf Ecken. Obwohl man die Beteiligten nicht kennt, bleiben sie hängen, und ich weiß auch noch genau, warum das bei mir so war. Eine mir völlig unbekannte Schulleiterin hat mir bewusst gemacht, was ich vorher so nicht auf dem Schirm hatte: Eigentlich ist Glanz nur eine Illusion. Damit er entsteht, muss eine glatte Oberfläche ein von außen kommendes Licht reflektieren. Strahlen dagegen bedeutet, dass eine Strahlenquelle selbst Energie erzeugt und abgibt, aus eigener Kraft, völlig unabhängig von äußeren Einwirkungen.

Mit unserem Selbstwert verhält es sich ähnlich. Er kann aus zwei Quellen gespeist werden. Von außen stärkt ihn die Achtung, die uns unsere Mitmenschen schenken. Von innen festigen wir ihn durch den Wert, den wir uns selbst zuschreiben. Wertvoll sind beide Bezugsquellen, die äußere wie die innere, und idealerweise plätschern in Ihrem Leben beide Rinnsale munter vor sich hin. Doch wie der Kapitelsatz »Glänzt du noch oder strahlst du schon?« bereits andeutet: Eine perfekte Oberfläche ist schön und gut. Aber das Echte, Wahre ist der strahlende Kern.

Ich habe nichts dagegen, zu glänzen. Überhaupt nicht. Irgendwie souverän und stark tun wir doch alle, und das Beste daran ist: Man muss für den Glanz nicht einmal groß Schaum schlagen, sich wichtigmachen oder mit der Star Alliance Gold Card wedeln. Auch Nahbarkeit, sinnstiftende Werte oder hohe Kompetenz können für einen glänzenden Eindruck sorgen. Vieles davon kann man sogar vorbereiten. Der gut gepflegte Auftritt in den sozialen Medien, ausgewählte Mode, das E-Auto, das für nachhaltiges Bewusstsein steht, oder die hart einstudierte, aber wie spontan gehaltene Projektpräsentation sprechen für sich. Ohne Worte und Getue stützen sie das Ego, machen ordentlich Eindruck, und wenn man die Selbst-PR nicht übertreibt, lassen sie einen so großartig wirken, wie es dem eigenen Wunschbild entspricht. Sympathie, Zugehörigkeit und Beifall gibt es obendrein, und nur man selbst weiß: Das Verhalten ist zwar nicht unecht. Aber es bildet nur einen Teil der Wahrheit ab. Wir bringen Leistung, sehen gut aus, zeigen, was wir zeigen wollen, und kaschieren zugleich Zweifel, Ambivalenzen und anstrengende Persönlichkeitsmerkmale. Im Gegenzug dürfen wir uns als wertvoll und angesehen erleben, und wer wollte dazu schon Nein sagen.

Trotzdem gibt es einen Haken: Je mehr sich unser Selbstwert aus äußerer Anerkennung speist, aus Beliebtheit, Bekanntheit, Status oder Follower-Zahlen, desto dringender brauchen wir die Zustimmung unserer Umwelt. Daraus erwächst Stress und möglicherweise sogar Angst: Was, wenn die anderen merken, wie ich wirklich bin? Wenn sie mich ungeschönt zu sehen bekommen? Mit all den Verletzlichkeiten und fachlichen Lücken, der mangelnden Geistesgegenwärtigkeit oder ohne die Extensions, die die Frisur so lang und füllig machen? Was, wenn auffliegt, dass hinter den Fähigkeiten, die mir zugetraut werden, endlos viel Kleinarbeit steckt?

Interessanterweise schlagen sich vor allem nachdenkliche Menschen mit solchen Bedenken herum. Weil sie sich und ihr Handeln immer wieder prüfen, entgeht ihnen nicht: Glanz wird verliehen, aber er gehört uns nicht. Applaus kann schnell in Buhrufe umschlagen. Auch die schmuckvollsten Jobtitel gelten nur auf Zeit, neue Gesichter schieben sich in den Vordergrund, Followerinnen ziehen weiter, Likes gehen an andere, Einladungen bleiben aus, Ehrungen können entzogen werden. Der gewohnte Glanz verschwindet deshalb nicht völlig. Er wird aber stumpfer und lässt sich nicht beliebig steigern. Denn der Jagd nach Ansehen und Status sind Grenzen gesetzt. Schon der chinesische Philosoph Laotse wusste: »Wer zu glänzen versucht, verdunkelt sein eigenes Licht.« Direkter ausgedrückt: Wer extradick aufträgt, kommt arrogant und vielleicht sogar armselig rüber. Aus diesem Grund können wir Anerkennung nicht mal eben ersetzen, wenn die gewohnten »Lieferketten« wegbrechen. Besser ist es, wir machen uns erst gar nicht so abhängig davon. Denn es gibt sie ja, die Alternative zur Spiegelung durch andere: Wir lassen unser eigenes Licht erstrahlen. Dann liegen auch Selbst- und Fremdbild angenehm eng beieinander. Das bedeutet: Wir müssen nicht dauernd auf die Wirkung schielen.

Der Mensch, dieses eigentlich fähige Wesen, hat nicht alles im Leben in der Hand. Umso mehr zählt die Erkenntnis: Unseren Selbstwert können wir uns ab einem gewissen Alter selber machen. »Glanz und Glorie beginnen immer im Inneren«, lese ich auf Jochen Mais Webseite www.Karrierebibel.de. »Das klingt vielleicht nach Li-La-Laune-Geschwurbel, ist aber wahr.« Selbstverständlich gehört es zu den schönsten Erfahrungen, Übereinstimmung und Resonanz zu erleben. Natürlich heimsen wir gern Erfolg und Zustimmung ein. Doch wer am Tropf von Beliebtheit, Status und Beifall hängt, ist selbst schuld. Es liegt nämlich vollkommen in unserer Macht, unseren Selbstwert autark zu steigern, wie eine erneuerbare Energie. Das geht zugegebenermaßen leichter, wenn Gene und ein wohlwollendes Umfeld das Ihre dazu beitragen. Darüber hinaus aber gilt: »Confidence is a habit.« Sich selbst anzunehmen und gut zu finden, ist kein fertiger, angeborener Zustand. Sondern eine Frage der Gewohnheit. So wie ein regelmäßiges Krafttraining Muskelmasse aufbaut, pushen regelmäßig praktizierte Alltagsgewohnheiten unseren Selbstwert. Die meisten davon sind Ihnen vermutlich so bekannt wie Crunches und Planks. Die Frage ist nur: Wie viele der folgenden Punkte davon setzen Sie auch wirklich regelmäßig um? Auf Haltung und Körperspannung achten. In positiven Worten über sich selbst sprechen. Sich anerkennend über andere äußern. Den Fokus auf die Dinge legen, die im Moment gut laufen. Probleme lösen. Menschen helfen. Neues lernen. Herausforderungen suchen. Sich nicht zu vergleichen. Offen sein für Kunst, Natureindrücke, spannende Gedanken, neue Erfindungen. Fortschritte sich selbst zuschreiben, nicht dem Zufall, nicht dem Glück. Kontakte zu ermutigenden, inspirierenden Menschen pflegen. Sich und anderen etwas Gutes tun. Und immer wieder mal: abchecken, ob man gerade glänzt, strahlt oder womöglich nur trüb vor sich hin glimmert.

Sicher können Sie die Liste beliebig lang fortsetzen. Es gibt so vieles, was uns zum Strahlen bringt. Wir achten bloß zu selten darauf. »Jeder, der zum ersten Mal ein E-Bike ausprobiert, kommt mit so einem Grinsen im Gesicht zurück«, erzählt ein Fahrradverkäufer, bei dem ich nie weiß, wo der Job aufhört und die Leidenschaft anfängt. »Aber meinst du, das glaubt mir jemand? Am liebsten würde ich die Leute filmen, damit sie sich selbst überzeugen.« Ich höre ihm zu und glaube ihm aufs Wort. Selten begegnen mir nämlich so viele freundliche, strahlende Gesichter, wie wenn ich am Sonntagmorgen mit dem Rad unterwegs bin. Und nie habe ich mir bisher klargemacht: Meines gehört auch dazu. Auch ich strahle mehr als sonst, bin im Hier und Jetzt, spüre den Wind, sehe die Wolken, fühle den Schwung. Nur die Freude darüber dringt manchmal zu wenig vor. Dabei täte es dem Selbstvertrauen unfassbar gut, die Genüsse, Schönheiten und Eigentümlichkeiten des Lebens viel bewusster wahrzunehmen. Mehr dazu finden Sie übrigens in Satz 25 »Awesome!«, der von der therapeutischen Kraft des Staunens handelt.

Damit wir uns nicht missverstehen: Natürlich verwandelt keine neue Lieblingssportart oder einzelne freundliche Geste Sie zur Lichtgestalt. Aber: Je erfüllter Sie von dem sind, was Sie tun, desto weniger müssen Sie für die Ränge spielen. Umso mehr sind Sie von den Maßstäben geleitet, die Sie als wichtig erkennen. Dieses Einverständnis mit sich selbst strahlen Sie aus. Wenn Sie dann on top noch Selbstwert im Glanz von Anerkennung, Ruhm und Beifall finden, umso besser.

In jedem Leben gibt es Momente, in denen es mit dem Glanz nicht so klappt. Man hat gerade keine neue Heldentat zu vermelden, steht im Schatten anderer, fühlt sich ausgebremst, kommt nicht voran. Sonnen Sie sich in solchen Phasen in den Freuden und Erfahrungen, die Sie Zeit und Raum vergessen lassen. Das Glück, das daraus erwächst, strahlen Sie aus. Davon haben Sie mehr, als geschenktem Glanz hinterherzujagen. Von ihm steht nämlich in den Sternen, ob und wann er sich einstellen wird.

22

WENIGER IST MEHR. AUSSER BEI SCHOKOLADE

Es gibt Tage, da hat man Mails im Postkorb, die das Herz höher schlagen lassen, und man weiß nicht, ist es vor Anspannung oder vor Freude. Bei mir war das so, als die Redakteurin eines der großen Hamburger Magazine anfragte, ob ich für ein Interview mit ihrer Zeitschrift zur Verfügung stehen würde. Thema: mein jüngstes Buch. Strecke: vier Seiten. Ortstermin: bei mir zu Hause. Näheres erfuhr ich im Vorgespräch: Das Interview würde ein Journalist führen, der kurz davor Hillary Clinton im amerikanischen Wahlkampf begleitet hatte. Der Fotograf brächte einen Assistenten und eine Stylistin mit. Ob mir ein Vormittag gleich in dieser Woche passen würde?

Mir schlackerten nicht nur die Ohren. Natürlich sah ich die Chance. Zugleich hatte ich etwas in der Art noch nie gemacht. Keine Ahnung also, wie man dabei vorging. Was sollte ich tragen? Was würde ich sagen? Wie viel von meiner privaten Welt wollte ich zeigen? Und ganz praktisch: Was bot ich an? Einfach Kaffee, Kekse, Wasser? Ein Business-Catering, wie bei einer längeren geschäftlichen Besprechung? Brauchte ich jemanden, der mich beim Drumherum unterstützte? Zum Glück beruhigen sich irgendwann selbst die aufgeregtesten Stimmen im Kopf, und ich sah klarer. Worum ging es mir eigentlich? Ich wollte ein Interview machen, bei dem mein Buch spannend rüberkam. Das ganze Drumherum war im Vergleich dazu zweitrangig. Ein klarer Fall also für das Mantra, das mich begleitet, seit es ein geflügeltes Wort in unserer Studenten-WG war: »Weniger ist mehr. Außer bei Schokolade.« Wie üblich entspannte mich der Gedanke aufs Wort. Ich würde mich ganz auf das Interview und das Fotografiert-Werden konzentrieren. Zum Kaffee würde es die superunkomplizierte Schokotarte geben, die ich immer backe, wenn man einfach einen leckeren Kuchen ohne Topping braucht. Dazu eine Schale Himbeeren, Teller, Gabeln, Kaffee. Fertig. Wenig Stress, kleiner Aufwand, minimale Ablenkung. Stattdessen volle Präsenz für das, worauf es mir ankam. Und dem Interviewteam vermutlich auch.

Wieso fällt es uns eigentlich so schwer, uns und die Umstände zu vereinfachen? Was drängt uns dazu, lieber mehr zu tun und zu haben, als eine Situation es verlangt? Sind wir alle Materialisten, die nie genug bekommen? Oder Selbstdarstellerinnen, die beweisen müssen, dass ihr Lifestyle nicht nur auf Instagram der schönste ist? Ganz so platt verhält es sich nicht. Aber definitiv erzählen unsere Besitztümer etwas über uns. Was wir so machen und wen wir so kennen, kann uns veredeln. Und ja, klar, die Essen und Kuchen, die wir auftischen, sagen etwas über uns aus. Womit wir uns umgeben, prägt die Identität und den Status.

»Das Selbst eines Menschen ist die Summe all dessen, was er sich zurechnen kann«, schrieb William James, einer der Begründer der modernen Psychologie. Unsere Familie und unsere Freunde, unser Zuhause und unsere Karriere, das Vermögen und unsere sportlichen Rekorde nehmen wir als eine Art »erweitertes Selbst« wahr. Je großartiger sich dieses Konstrukt ausnimmt, desto fantastischer fühlen wir uns. Je unsicherer wir uns fühlen, desto mehr investieren wir in Krücken fürs Ego: Wir shoppen mehr, kochen aufwendiger, machen größere Geschenke und werten uns durch Ersatzobjekte und Events auf, die Eindruck machen.

Kurzfristig stabilisiert das Zuviel des Guten den Selbstwert. Langfristig geht es ins Geld, kostet Zeit und müllt das Leben und die Umwelt zu. Zu viele Waren und ein allzu üppiger Aufwand können ziemlich überfordernd sein. »Weniger ist mehr« ist deshalb kein freudloser Appell, sich auf das Nötigste zu beschränken. Vielmehr geht es darum, einen entspannten Minimalismus zu verwirklichen, der uns Raum und Leichtigkeit schenkt. Ein Meister dieses Prinzips war Ludwig Mies van der Rohe, einer der bedeutendsten Architekten der Moderne. Zu seinen vielen hochrangigen Bauten gehört unter anderem die neue Nationalgalerie in Berlin. In dem Glaskubus mit dem weit vorgezogenen Flachdach können Sie erleben, was Minimalismus im besten Sinn ausmacht. Nicht Verzicht. Sondern, so steht es auf der Webseite der Staatlichen Museen zu Berlin: »Klarheit und Reduktion bei gleichzeitig hochwertiger Ausstattung«. In der Architektur bedeutet das: offene, neutral gestaltete Räume ohne visuelle Überforderung. Die ausgestellte Kunst kann wirken, der Blick der

Besucherinnen und Besucher schweifen, der Geist sich auf das Wesentliche konzentrieren.

Zurück zum schnöden Alltag. Zum Kleiderschrank, zum Desktop, zum Terminkalender. Ich weiß nicht, wie es Ihnen geht. Ich habe das »Weniger-ist-mehr«-Prinzip in manchen Bereichen meines Lebens schon ganz gut verwirklichen können. Die Farbpalette in meinem Kleiderschrank beschränkt sich auf Grau, Schwarz, Blau und Weiß, und in meinem Haus habe ich Unschönes ziemlich gut wegorganisiert. Vieles, was mich reizt, schaffe ich gar nicht erst an, von der ausgefallenen asiatischen Sauce bis zu Weihnachtskugeln in der diesjährigen Modefarbe. Und auch bei Terminen wähle ich immer genauer aus. Ob Treffen mit Freunden, Kulturevents, aufregende Projekte oder Reisen um die halbe Welt, so schwer es mir fällt, mich zu begrenzen, ich merke, wie gut mir das Weniger tut.

Trotzdem gibt es noch Lebensbereiche, in denen mich das Zuviel verrückt macht. Unsere Garage quillt über vor Zeug, auf meinem Desktop sind 26 Fenster gleichzeitig geöffnet, die Fotos auf meinem iPhone werde ich wohl nie sortiert bekommen, und wenn es bei WOW *Oppenheimer* und *Barbie* zu sehen gibt und zugleich ein toller Film auf Arte läuft, weiß ich das Angebot manchmal nicht mehr zu schätzen. Die vielen attraktiven Optionen überwältigen mich.

Nein, eine minimalistischere Lebenseinstellung nimmt uns nichts weg. Sie bringt mehr Gelassenheit ins Leben, Ästhetik und ein höheres Bewusstsein für die Dinge, die man hat, und die Entscheidungen, die man trifft. Minimalismus hat damit zu tun, dass man auf das, was man ins Leben lässt, achtgibt. Für die meisten von uns beginnt der Weg dorthin mit einem wenig inspirierenden Unterfangen: aussortieren. Was geht, was bleibt, was kommt? Das ist die Frage – und zwar in genau dieser Reihenfolge.

Eine Kollegin hat daraus ein Jahresprojekt gemacht: Seit dem ersten Januar verabschiedet sie sich täglich von einem Stück, das sie nicht mehr braucht. Ein paar Wochen lang habe ich mich von der Challenge inspirieren lassen. Seither sind etliche Dokumente und Ausdrucke aus meinem Büro zum Altpapier gewandert. Ich habe mich von ein paar Wer-weiß-wozu-wir-es-nochmal-brauchen-Hässlichkeiten getrennt, 20 Newsletter abbestellt und Netflix den Sommer über stillgelegt. Entmüllen war aber nur das eine. An manchen Tagen habe ich nämlich anstelle von ausgedienten Sachen unhinterfragte Routinen aussortiert: Das T-Shirt vom Vortag kommt nicht in die Waschmaschine, sondern wird nochmal angezogen. Hier und da schlage ich eine Einladung aus, die ich normalerweise aus Höflichkeit angenommen hätte. Statt zwei E-Bikes auf den Heckträger zu wuchten, 50 Kilometer später wieder abzuladen und eine unbekannte Strecke zu erkunden, radeln wir immer öfter entspannt von zu Hause los.

Bei manchem davon muss ich meinem Herzen einen Stoß geben. Wie die meisten Menschen hänge ich an dem, was ich habe und woran ich mich gewöhnt habe. Doch die Erleichterung überwiegt: So wenig mir die aussortierten Dinge fehlen, so wenig vermisse ich den Stress, den überflüssige Ansprüche verursachen. Wie in der

Architektur wirkt »Weniger ist mehr« auch im eigenen Leben sehr beruhigend. Weniger Besitztümer, Termine, Projekte und Erwartungen lassen das, was bleiben darf, umso schöner erstrahlen. Wir gehen mit leichterem Gepäck durchs Leben, wenn wir uns um weniger kümmern müssen. Statt Tinnef abzustauben, setzen wir unsere Zeit für Dinge ein, die uns erfüllen.

Denn wer loslässt, wirft ja nicht sein ganzes Leben weg. Auf »Weniger ist mehr« folgt »Außer bei Schokolade«, und der zweite Teil des Spruchs ist so wichtig wie der erste. Natürlich gibt es Dinge und Leidenschaften, die gehören aus irgendeinem Grund zu unserem Leben. Auch wenn sie nicht hundertprozentig gesund oder vernünftig sind. Klar bleibt immer Platz für Schokolade genau wie für alles andere, was das Leben erleichtert oder verschönert, was von der eigenen Lebensgeschichte erzählt oder was wir in vollen Zügen genießen. Für den Mann, mit dem ich verheiratet bin, zum Beispiel ist seine Sammlung von tausend oder mehr CDs absolut kein Krempel, sondern Kunst. Egal, wie andere es finden mögen, im Zeitalter von Spotify noch Tonträger zu horten.

»Weniger ist mehr« bedeutet also nicht, nichts zu besitzen. Es bedeutet, möglichst nur das zu haben und zu tun, was einen entspannt und glücklich macht. Am allerbesten gelingt das, wenn Sie es schaffen, dass das Weniger und das Mehr nicht im Widerspruch zueinander stehen. Sondern zwei Seiten einer Medaille sind. Genau darin liegt der Reiz des kleinen italienischen Schokokuchens, der schon oft meine Rettung war, wenn ich Gästen viel

Gutes mit wenig Aufwand tun wollte. Falls Sie mögen, hier ist das Rezept.

Sie brauchen:

- 100 Gramm Zartbitterschokolade
- 125 Gramm Butter
- drei Eier
- 60 Gramm Zucker
- 40 Gramm Walnüsse
- 40 Gramm gemahlene Mandeln
- Salz

Schokolade brechen und in einem heißen Wasserbad schmelzen. Butter schmelzen und abkühlen lassen. Walnüsse hacken. Die Eier trennen. Eine Springform (Ø 22 cm) mit Backpapier auslegen. Den Backofen auf 180 Grad, Umluft 160 Grad, vorheizen.

Eigelb und Zucker mit einem Schneebesen cremig rühren. Die abgekühlte Butter unterrühren. Geschmolzene Schokolade, Walnüsse und Mandeln mischen und unter die Ei-Zucker-Mischung rühren. Eiweiß und eine Prise Salz steif schlagen und den Eischnee unter den Teig heben.

Teig in die Form füllen und 50 bis 55 Minuten im Ofen backen. Nach etwa 30 Minuten mit Backpapier abdecken.

Das war es schon. Nach der Backzeit Kuchen aus dem Ofen nehmen, abkühlen lassen und servieren.

Gelassenheit kommt von lassen. Dinge wegzulassen, Ansprüche fallen zu lassen und manches einfach bleiben zu lassen, kann unfassbar befreiend sein. Das fand das Interview-Team aus Hamburg übrigens auch. Was mich zuerst unter rasenden Druck setzte, gelang am Ende ganz leicht. Wir konzentrierten uns auf das Wesentliche, Kaffee stand auf dem Tisch, wer mochte, nahm sich Himbeeren und Kuchen dazu, und nach zwei Stunden war die Story im Kasten. Ganz einfach. Erstaunlich stressfrei. Und die größte Überraschung für mich war: Auch der Schokokuchen bekam seinen Auftritt darin. Vielleicht backen Sie ihn ja nach und genießen ein paar leckere Momente mit der Schokolade, dem Weniger und dem Mehr.

BÄP

23

ICH WERFE ALLES HIN UND WERDE PRINZESSIN

Es regnete, wie es nur im Salzburger Land regnen kann. Ausgiebig. Tagelang. Die Erwachsenen in der Pension, in der ich mit meinen Großeltern die Ferien verbrachte, sahen aus dem Fenster und beklagten das Wetter. Uns Kindern war der Schnürlregen egal. Ich hatte mich mit vier Geschwistern angefreundet, und wir spielten endlose Runden Monopoly. Bis wir es nicht mehr spielten. Denn irgendwann gelang mir, was bis dahin Leo, dem Ältesten der vier, vorbehalten war: Ich brachte Parkstraße und Schlossallee in meinen Besitz, errichtete Häuser und Hotels, kassierte Wuchermieten und tauschte die 1A-Lagen auch gegen Geld und Druck nicht ein. Im Triumph übersah ich, wie sich die Stimmung am Tisch drehte. Übergangslos fegte Leo die Spielfiguren vom Brett, schrie »Ich bau ab«, schnappte sich Scheine und Spielbrett und war zu einer Rückkehr nicht mehr zu bewegen.

Von seiner Schwester erfuhr ich, was mir bis dahin entgangen war. Unter den Geschwistern standen die lukrativsten Straßen im allseitigen Einverständnis dem Ältesten zu. Die anderen drei hatten sich mit der ungeschriebenen Spielregel abgefunden. Ich fand die Aufteilung doof und Leos Abgang fies. Etwas Vergleichbares hätte ich mir nie herausgenommen. Leo hingegen schien sein Ausbruch nichts auszumachen. Eine Viertelstunde später sah ich ihn, bäuchlings auf dem Teppich liegend, in seine griechischen Heldensagen vertieft.

Dass ein Ausstieg auch etwas Gutes haben könnte, dieser Gedanken existierte in meinem Kopf damals nicht. Als ich zur Schule ging, war für Mädchen so viel Eigenwille nicht vorgesehen. »Sei wie das Veilchen im Moose bescheiden, sittsam und rein, nicht wie die stolze Rose, die immer bewundert will sein«, schrieben wir einander ins Poesiealbum, und als wir erwachsen waren, verhielten wir uns oft genug genauso: eigene Wünsche hintanstellen, sich nach anderen richten, ausgleichen, besänftigen, sich nicht unbeliebt machen. Das Verhalten hat Vorteile. Es tut niemandem weh, fördert den Frieden im Team und macht das Familienleben schön hyggelig. Doch es gibt Zeiten und Dinge im Leben, da können wir unmöglich harmonisch im Strom mitschwimmen. Wenn uns privat oder beruflich etwas an die Nieren geht oder gegen den Strich, wenn man sich ausgenutzt fühlt, Ideen verwirklichen oder Ideale vorantreiben will, haben wir das Recht, zu uns zu stehen. Vielleicht müssen wir es sogar, wenn wir vor uns selbst bestehen wollen.

Der Philosoph Georg Wilhelm Friedrich Hegel hat die schöne Formulierung geprägt: »Bei sich selbst sein im Anderen.« In Umfeldern, in dem sich alle einig sind oder aufeinander eingehen, gelingt das ganz leicht. Authentisch leben können wir zum Beispiel in einem Freundeskreis, in dem Veganerinnen und Fleischessende ohne Sticheln miteinander schmausen. In einer Beziehung, in der zwei Menschen sich einander hingeben, ohne ineinander aufzugehen. In einer Familie, in der Kinder keine Mini-Mes von Mama und Papa sein müssen. In einem Team, in dem sich unterschiedliche Sichtweisen zu aufregenden Lösungen vereinen. Und nicht zuletzt: in einem Gesellschaftssystem, das persönliche Entfaltung unterstützt und nicht unterdrückt.

Leider ist die Welt kein Paradies. Es gibt Menschen, die uns übersehen, überfahren oder übergehen. Wenn Nachbarn keine Ruhe geben, Mächtige auf Untergebene übergreifen, der Gang ins Büro zum Albtraum wird, Schwiegereltern einfach nicht loslassen oder Menschen lächerlich gemacht werden, ist Schluss mit lustig. Unzumutbares Verhalten, überzogene Ansprüche, schreiende Ungerechtigkeit und enttäuschte Erwartungen bringen uns auf. Und das dürfen die anderen ruhig auch mal merken. Denn Rage an sich ist nicht böse. Sie rührt daher, dass wir etwas als falsch erleben, und das wollen wir richtigstellen. Darin sind alle Menschen einander gleich. Nur dass auch das nicht ganz stimmt.

Das 21. Jahrhundert ist zwar schon mehr als zwei Jahrzehnte alt. Doch immer noch werden Eigenschaften wie durchsetzungsstark, dominant oder impulsiv vor allem Menschen mit Y-Chromosom zugeschrieben. Das klingt wie ein überholtes Vorurteil. Doch dann heißt das Kind, das an der Bäckertheke nicht danke sagen will, am Ende halt doch wieder August und nicht Augustine. »Dann geh ich eben nach Hause und mach's mir gemütlich«, informiert er hoheitsvoll die Verkäuferin und alle Umstehenden gleich mit. Spricht's, dreht ab und lässt das Gratisplätzchen liegen, das es dort für Kinder immer gibt. Von seiner Oma weiß ich, er ist fünf. Zufall? Vielleicht. Vielleicht aber auch nicht.

Denn klar verleihen auch Mädchen ihrer Meinung Ausdruck. Sie tun es aber laut Statistik meistens auf leisere Weise. Ob mit 13 oder 33, die idealtypische Frau schwebt über allem. Vernünftig, empathisch, verständnisvoll. In Situationen, in denen Männer abbauen, achten Frauen eher darauf, sich nichts zu verbauen. Dahinter steht die Erfahrung: Frauen gelten als schwierig, wenn sie zu dominant für sich und ihre Anliegen einstehen. »Eine wütende Frau verliert an Status, ganz gleich, in welcher Position sie ist«, resümiert die US-Psychologin Victoria L. Brescoll in dem Magazin *Human Resources Manager*. Die Autorin Ciani-Sophia Hoeder, Jahrgang 1991, stimmt dem Eindruck zu: »Wir bewegen uns in einer Welt, in der wir nie so wütend sein dürfen wie Männer.«

Es wird Zeit, dass wir darüber alle endgültig hinauswachsen. Denn Wut ermutigt und ermächtigt. Menschen, denen es reicht, spielen nicht mehr brav mit – unabhängig vom Geschlecht. Sie stellen Regeln infrage, formulieren Ansprüche und beziehen Position. Manchmal verändern sie tiefgreifend die Welt. Die Schriftstellerin Susanne Fröhlich weist darauf temperamentvoll in einem Interview mit der *Augsburger Allgemeinen* hin: »Ohne wütende Frauen hätten wir wahrscheinlich noch immer kein eigenes Wahlrecht, kein eigenes Konto, müssten unseren Mann fragen, ob wir den Führerschein machen dürfen.« Das finde ich, hätten wir uns ins Poesiealbum schreiben sollen. Statt über energische Meinungsäußerungen die Nase zu rümpfen.

Aber brauchen wir in einer Zeit der zunehmenden Polarisierung nicht eher mehr friedliches, kooperatives Konfliktverhalten als weniger? Absolut. Zweifellos wirkt die Art, wie Frauen Konflikte handhaben, deeskalierend und reflektiert. Definitiv könnten sich manche Männer davon etwas abschauen. Andererseits ist das Leben kein Streichelzoo. Wer selbst für sich denken und handeln will, so hat es der Friedensnobelpreisträger Albert Schweitzer formuliert, muss der Welt gerade ins Gesicht sehen. Dazu kann es auch gehören, sich zu verweigern, wenn es richtig ist.

Genau das aber lernen Mädchen traditionell nicht so. Deshalb brauchen wir Gedanken im Kopf, die uns bei Bedarf aus der geschlechtsspezifischen Sozialisierung herauskatapultieren. Etwas wie »Ich bau ab und mach's mir gemütlich« in der Mädchen-Variante. Es hat lange gedauert, bis mir der passende Leitsatz unterkam. Dann las ich ihn in glitzerrosa Buchstaben (ausgerechnet!) auf dem T-Shirt einer Neuntklässlerin im Bekanntenkreis: »Ich werfe alles hin und werde Prinzessin.« Blitzartig wusste ich: Das ist er, der Satz, der mir noch gefehlt hat. Ich mag es, wenn zwei Gedanken aufeinandertreffen, die zusammenpassen wie Blümchenkleider und Biker-Boots. Eigentlich gar nicht. Aber irgendwie doch.

Denn ob in der Sprache oder der Mode, Stilbrüche sprengen Erwartungen. Sie bringen uns dazu, eingefahrene Denkmuster infrage zu stellen. Wir wundern uns und schauen deutlicher hin. Vielleicht geht es Ihnen deshalb wie mir, und Sie wünschen sich, ohne genau sagen zu können, warum: Ich wollte, darauf hätte mich schon früher jemand gebracht. Sich selbst wichtig nehmen.

Standpunkte vertreten. Die Reißleine ziehen. Und dabei trotzdem entspannt bleiben. Mir jedenfalls fällt einiges ein, was ich mit »Ich schmeiß alles hin und werde Prinzessin« im Kopf anders gemacht hätte. Möglicherweise hätte ich mich gegen künstlichen Stress und enge Termine deutlicher zur Wehr gesetzt. Vielleicht hätte ich die Gäste rausgeworfen, die zum Kaffee eingeladen waren und ein ganzes Wochenende lang blieben. Ganz sicher hätte ich sexistische Sprüche nicht widerspruchslos weggelächelt.

Hätte, hätte, Fahrradkette. Vergangenes lässt sich nicht ändern. Aber was nicht ist, kann noch werden. »Ich werfe alles hin und werde Prinzessin« ist wie eine Lizenz, Probleme beim Schopf zu packen. Eine Exit-Strategie, wenn es endgültig reicht. Eine Ultima Ratio, sich stark zu machen, wenn man anders nicht verstanden wird.

Keine Sorge, das ist kein Aufruf zu Kurzschlusshandlungen. Natürlich bringt es niemanden weiter, wenn alle immer gleich »abbauen« würden. Die meisten Situationen lassen sich kooperativ und mit vernünftigen Argumenten lösen, nach dem Motto in Satz 2 »Ich hau sie mit Freundlichkeit um«. Doch es gibt Grenzen. Wenn Ihnen etwas völlig gegen den Strich geht, wenn Sie es vergeblich im Guten versucht haben, wenn das Klima vergiftet ist oder wenn Sie keine Kraft mehr haben oder keinen Sinn mehr sehen, dann ist die Zeit gekommen, auch einen Ausstieg ernsthaft zu erwägen. Manchmal können Sie nur wieder zu sich finden, wenn sie sich vor Menschen oder Belastungen schützen, die Sie kränken und krank machen.

Um Ihren Einwänden gleich zuvorzukommen: Die Entscheidung dafür will überlegt sein. Hinzuschmeißen und morgen keinen Arbeitsplatz zu haben, wäre ein Eigentor. Zu sagen »Macht euren Mist doch allein« kann als Schuss nach hinten losgehen. Ebenso wie Schluss zu machen, ohne zu wissen, wie es danach weitergeht. Der rauschende Abgang ist nur eine gute Option, wenn Sie mit den Folgen gut leben können. Es sollte Ihnen also nicht passieren, was sich mein Freund J. im letzten Urlaub geleistet hat. Zu einem Brückenwochenende düste er am späten Nachmittag nach Florenz. Als er gegen 22 Uhr im Hotel eintraf, erwies sich das Zimmer als Flop. Winzig klein, geschmacklos eingerichtet, in der Luft hing Zigarettenrauch. Unzumutbar für J., dessen Sinn für das Schöne sich auf den kleinsten Alltagsgegenstand erstreckt. Eine Alternative konnte das Hotel nicht anbieten. Also bestand J. auf Stornierung und tatsächlich: Fünf Minuten später war er die Buchung los, nicht ahnend, dass Florenz ausgebucht war. Schlussendlich fuhr er Richtung Süden weiter und übernachtete irgendwo an der Autobahn. Was letztendlich noch misslicher war.

»Ich werfe alles hin und werde Prinzessin« beugt solchen Flops vor. Der glänzende Abgang ist in den Satz schon eingebaut. Prinzessinnen und Prinzen fallen nicht auf die Nase. Dafür sind sie zu gut aufgestellt. Besitzen ein eigenes Reich. Und haben immer eine Alternative im Ärmel. Perfekt hat es aus meiner Sicht Linn hinbekommen. Bis vor Kurzem hatte sie die besten Nachbarn, die sie sich wünschen konnte. Sie betreuten die Katze, wenn Linn unterwegs war, gossen den Garten, als wäre es ihr eigener, sogar ihre alte Heizung hat Marcel wieder zum Leben erweckt. Dann bekam das Idyll Risse. Seit die Zwillinge von nebenan den Führerschein haben, hat die Nachbarsfamilie plötzlich drei Autos und ein Motorrad. Seither schreckt Linn fast jede Nacht aus dem Schlaf. Um eins kommt der Nachbarssohn nach Hause, eine halbe Stunde später die Tochter. V8-Sound, Bewegungsmelder an, Einparken, Türenschlagen. Morgens um fünf wird es wieder unruhig. Dann fährt der Vater zur Schicht, kurz darauf die Mutter zum Dienst. An Durchschlafen ist nicht mehr zu denken. Selbst bei geschlossenen Fenstern nicht. Linn merkt, wie sie sich von Tag zu Tag erschöpfter fühlt. Aber für leise Hinweise sind die Nachbarn taub. »Du kannst dir nicht vorstellen, wie sehr es mir reicht«, sagt Linn.

Und wenn sie sich vorstellen würde, alles hinzuschmeißen und Prinzessin zu werden? Linn lacht, und das allein entspannt. »Im Grunde brauche ich keinen so engen Kontakt«, denkt sie laut und rührt in ihrem Cappuccino. »So, wie es gerade läuft, ist es fast schon egal, wenn das Verhältnis abkühlt. Hauptsache, ich kann mal wieder sechs Stunden am Stück schlafen.« Und die Katze? »Das wäre nicht leicht. Kann ich aber notfalls anderweitig regeln.«

Na also. Dann herrscht im Kopf schon mal Klarheit. Wenn die Prioritäten und Ausstiegspunkte klar sind, fällt es leichter, Forderungen mutig rüberzubringen. Linn jedenfalls ist gut damit gefahren. Ohne die Angst, ohne Unterstützung zu sein, verlief das Gespräch mit den Nachbarn so beiläufig, wie es nur möglich ist, wenn man über den Dingen steht. Vokabeln wie Lärmbelästigung und gestörte Nachtruhe kamen darin überhaupt nicht vor. Die anderen verstanden auch so: »Das musst du uns sagen. Ist doch klar, dass du deinen Schlaf brauchst.« Vor Linns Schlafzimmer geht es jetzt wieder leiser zu. Dass sie im

Viertel seither ein bisschen als Prinzessin auf der Erbse gilt, nimmt sie dafür gern in Kauf.

Nicht mehr mitzumachen will wohl überlegt sein, erst recht, wenn viel auf dem Spiel steht. Davon abgesehen kann Hinschmeißen manche Knoten wunderbar leicht lösen. Zumal es fürs königliche Gefühl schon reichen kann, wenn man die Tür hinter sich zu macht und in der Badewanne Schaumkronen formt.

24

ES STEHT AUF MEINER LISTE

Es gibt Fragen, denen kommt man nicht aus. Die Menschen, die sie stellen, meinen es meistens gut und stehen uns häufig nahe. Nur ab und zu geht ihr Interesse zu weit. Man ist noch klein, und sie fragen, was man machen möchte, wenn man groß ist. Man übt im Schülertanzkurs den Tango, und sie wollen herausfinden, ob man schon einen Freund, eine Freundin hat. Kurz vor dem Abitur soll man berichten, was und wo man wohl studieren möchte. Ist der berufliche Einstieg geschafft, nehmen sie die Hochzeit in den Blick, gefolgt von: Wollt ihr bald Kinder? Schläft es schon durch? Wann plant ihr das zweite? Und so geht es weiter und weiter, bis irgendwann die Rente näher rückt und damit die Frage: Wie lange musst du noch? Du hörst aber nicht ganz auf? Und wo geht die große Reise hin?

An dieser Stelle könnte man kurz Satz 3 einwerfen: »Nicht dein Zoo, nicht deine Zebras.« Das wäre aber nicht nur sehr direkt. Vor allem geht es am Kern des Problems vorbei. Denn der Knackpunkt sind ja nicht die Fragen. Sondern die Tatsache, dass man die Antwort darauf noch nicht kennt. Wir wissen oft selbst lange nicht, wie wir uns die Zukunft vorstellen und was das Leben so bringen soll. Ideen hätten wir zwar genug. Aber die unterschiedlichen Möglichkeiten können ungemein stressen. Millennials, das hat die amerikanische Psychotherapeutin Tess Brigham herausgefunden, halten zu viele Optionen für die größte Herausforderung ihrer Generation.[43] Wie entscheiden, wenn vieles geht, sich aber nur ein Teil davon verwirklichen lässt? Allzu oft bedeutet ja der Entschluss für das eine den Verzicht auf etwas anderes: Wenn man zum Boxtraining geht, kann man nicht zugleich mit den anderen ins Kino. Wenn man viel Geld verdienen will, ist das meist mit weniger Freizeit verbunden. Wenn man ein Haus im Grünen kauft, entscheidet man sich gegen das Wohnen in der Stadt.

Das Beste wäre, mehrere Leben zu haben. Das Zweitbeste ist das Motto, das ich vor Kurzem in einem Porträt über die sehr coole, sehr faszinierende amerikanische Schriftstellerin und Philosophin Susan Sontag gefunden habe. Aus purem Zufall bin ich beim Besuch in einer Radiologiepraxis darauf gestoßen, mit so langen Wartezeiten, wie es sie eigentlich nicht mehr geben dürfte. Erstklassig war dagegen die Qualität der ausgelegten Magazine. Ich las in der neuen *Vogue*, vergaß die Zeit, und als ich aufgerufen wurde, fotografierte ich gerade den Spruch, von dem ich wünschte, er wäre mir früher begegnet: »Es steht auf meiner Liste.«

Im Original und in seiner ganzen Länge heißt der Satz bei Susan Sontag, die neben vielem anderen unermüdlich reiste: »I haven't been everywhere, but it's on my list.« »Es steht auf meiner Liste« bezog sich also ursprünglich auf die Auswahl von Urlaubszielen. Sie können den Spruch aber genauso sinnvoll auf alles anwenden, was Ihnen vorschwebt, aber nicht gleich von der Traumwohnung bis zum Kinderkriegen. Was auf sich warten lässt, kommt auf die Liste, und allein der Gedanke entlastet: »Eine neue Wohnung steht auf unserer Liste.« Darin schwingt mit: Im Geist bringen wir das Vorhaben schon auf die Startbahn. Es hat einen Slot in unserem Leben. Dieses Wissen überbrückt die Zeit, bis es so weit ist.

Für Alltagskram haben wir To-do-Listen. Uns fällt ein: Wir brauchen Klebeband oder einen neuen Pass, notieren die Aufgabe im Kalender, auf der Küchentafel oder irgendeinem Merkzettel, erledigen sie und haken sie ab. Das System ist so simpel wie effektiv, und das Beste darin ist: To-do-Listen erfüllen ihre Wirkung nicht erst, wenn eine Aufgabe abgeschlossen ist. Schon die Tatsache, dass wir sie festhalten, entspannt.

Warum das so ist, hat die russische Psychologin Bluma Zeigarnik erforscht. Als eine der ersten beobachtete sie, dass unser Gehirn sich bevorzugt an Unerledigtem und Unausgegorenem abarbeitet. Erst wenn die offenen Punkte gelöst sind, regt es sich ab. Die Eigenheit treibt uns zu vollem Einsatz, raubt aber gelegentlich den letzten Nerv. (Kennen Sie das: Wenn man aus dem ersten Schlaf schreckt, weil einem einfällt, dass man vergessen hat, ein Geburtstagsgeschenk für Amir zu besorgen?) Zum Glück lässt sich der Spuk ganz einfach beenden: Kaum schreiben wir auf eine Liste, woran wir denken müssen, müssen wir nicht mehr daran denken. Wir gaukeln dem Gehirn eine Art Endpunkt vor und – Simsalabim – herrscht Ruhe im

Kopf. Obwohl wir nichts getan haben, als eine Erledigung planvoll hintanzustellen.

Das Gleiche funktioniert auch, wenn es um die wichtigen Dinge des Lebens geht. Auch bei großen und widerstreitenden Zielen und Wünschen kann es ungemein entlasten, sie auf eine Liste zu setzen. Nicht, damit wir uns ihnen gleich morgen zuwenden. Sondern damit das Gehirn das Signal erhält: Alles gut, ich kümmere mich. Die Wirkung ist so ähnlich wie bei der Kfz-Zulassungsstelle. Dort wären wir auch gern schon fertig. Aber wenn das nicht geht, beruhigt es zu wissen: Aktuell Wartende: 7. Aktuelle Aufrufnummer: Z 92.

Einen tollen Job machen, eine glückliche Familie haben, fit sein, auf Weltreise gehen, Freundschaften pflegen, für die Eltern da sein, den Sparplan für die Kinder befüllen, das Bad renovieren, in den sozialen Medien sichtbar sein, die 100 berühmtesten Bücher lesen, mal wieder ins Stadion und zweimal in der Woche zum Yoga gehen, Schmetterlinge im Bauch spüren, finanziell frei sein, gesund kochen, bei wichtigen Veranstaltungen dabei sein, und in der Badewanne liegen möchte man auch mal gern. Je mehr wir unternehmen, ausprobieren und erleben wollen, desto getriebener fühlen wir uns. Desto größer werden die Ängste, hinter den eigenen Möglichkeiten zurückzubleiben. Umso mehr bedauert man, dass das Leben endlich ist und der Tag nur 24 Stunden hat. Ungefähr 69 Prozent der Millennials empfinden Verpassensangst oder FOMO, also »Fear of Missing Out«.[44]

Die Unruhe, die aus der Fülle der Alternativen und Möglichkeiten rührt, beeinflusst unser psychologisches

Wohlbefinden, unsere sozialen Beziehungen und unsere Fähigkeit, Entschlüsse zu fassen. Schritt halten strengt an, Multitasking stresst, Lebensentscheidungen werden hinausgezögert, Treffen fallen immer kürzer aus, dafür sehen wir mehr Leute, der soziale Vergleich macht es nicht leichter, und am schlimmsten ist es in der Rushhour des Lebens. Denn dann erreicht die Gleichzeitigkeit der Verpflichtungen und Verlockungen den Gipfel.

Wie man das wegkriegt? Das Kontrastprogramm ist schon erfunden: Es heißt JOMO, also Joy of Missing Out. In deutscher Sprache: die Freude, etwas zu verpassen. In Phasen, in denen uns alles über den Kopf wächst, kann es hilfreich sein, im Leben mehr Platz zu schaffen. Will heißen: Wir sortieren aus und stellen ein paar Dinge bewusst in den Mittelpunkt. Ihnen schenken wir unsere Aufmerksamkeit, sie genießen wir in vollen Zügen. Was darüber hinaus auch spannend, wünschenswert oder angenehm wäre, stellt man zurück oder jedenfalls hintan. Muss ja nicht für immer sein. Yael hat sich dafür entschieden. Seit sie Mutter geworden ist, hat sie einiges auf Eis gelegt, was ihr Leben bisher geprägt hat. »Ich pausiere in der Kanzlei, ziehe jeden Tag das Gleiche an, und im Urlaub ist es am wichtigsten, dass die Kleine sich wohlfühlt. So Sachen. Alles hat seine Zeit, finde ich. Diese ersten Monate sind einfach zu kostbar.«

Yaels Entspanntheit hat viel mit Prioritäten zu tun. Natürlich gibt es in unserer Lebensführung unverrückbare Parameter, beispielsweise Geld zu verdienen oder halbwegs gesund zu leben. Anderes haben wir dagegen in der Hand, wenn wir ehrlich sind. Wir können wählen, welche Vorhaben gerade passen, welche neuen Menschen wir in unserem Leben willkommen heißen und welche Gewohnheiten uns im Moment am besten tun. Dass daneben auch vieles andere lockt, dass Freundinnen und Freunde ihre Schwerpunkte anders setzen, ist ein Ausdruck von Buntheit und Vielfalt, kein Grund zur Sorge. Das gute Leben sieht nicht für alle gleich aus, und selten macht es glücklich, alles zu wollen und alles zugleich. Natürlich können Sie delegieren, auf Schlaf verzichten und von Event zu Event springen, notfalls schalten Sie sich per Zoom dazu. Doch selbst wenn Sie es logistisch schaffen, können Sie ein Zuviel an Eindrücken nicht auskosten und vertiefen. Quantität kostet Qualität, wenn die Zeit die gleiche bleibt.

Yael hat diesen Zusammenhang verstanden. Ihre neue Leichtigkeit verdankt sie ein paar knallharten Entscheidungen. Seelenruhig räumt sie ihrer jungen Familie die größte Priorität ein. Anderes – von den spontanen Wochenendtrips bis zum straffen Sportprogramm – stellt sie dagegen mit voller Absicht zurück. Natürlich steht all das weiter auf ihrer Liste. Es ist nicht vergessen, nur bis auf Weiteres auf Eis gelegt. Sobald es passt, wird es zurück ans Licht geholt. Deshalb gibt es kein Nachtrauern, das ihr den Kopf beschwert.

Das Gleiche können Sie auch haben. Sie müssen sich dazu bloß bewusst sortieren. Was wollen, was müssen Sie mitmachen? Was können Sie auslassen? Und was setzen Sie auf die Liste für morgen, in einem Monat oder in fünf Jahren? Am besten treffen Sie solche Entscheidungen zügig. Meistens ahnen wir nämlich sehr gut, was uns im Moment am meisten bedeutet. Lähmend ist lediglich der Gedanke, mit der Entscheidung für das eine etwas anderes aufzugeben. Viel lieber würden wir den Kuchen essen und behalten. Das geht physikalisch natürlich nicht. Oft können wir den Kuchen aber ungemein vergrößern. Denn zum Glück haben wir nicht nur eine Gegenwart. Wir dürfen auch auf eine ganz schön lange Zukunft hoffen.

In den letzten 70 Jahren ist unser biografischer Horizont um gut 14 Jahre gestiegen. Laut dem Zukunftsinstitut in Frankfurt verbindet sich mit der längeren Lebenserwartung ein zweiter, ebenso wichtiger Effekt: das Phänomen des Downaging. Das bedeutet: Wir werden statistisch nicht nur älter, wir fühlen uns zudem in jeder Lebensphase jünger als frühere Generationen.[45] Deshalb können wir uns einen langen Atem leisten. Uns läuft so leicht nichts davon. Ich finde, daran können wir uns nicht oft genug erinnern. Die Aussicht auf mehr gesunde, spannende Jahre macht nämlich nicht nur gelassener, sie kann das Leben auch ungeheuer entzerren.

Ein Beispiel, das fast alle kennen: Das Wochenende steht vor der Tür, und man zaudert, ob man in das wirklich hörenswerte Konzert gehen soll oder doch lieber zu Hause auf dem Sofa bleibt. Darüber kann man lange nachdenken. Oder man tritt einen Schritt zurück und führt sich vor Augen: Beides geht. Heute das eine und ein anderes Mal das andere. Diese Sichtweise beschleunigt die Wahl. Man entscheidet sich für den ruhigen Abend und setzt das Konzert auf die Liste. Oder andersherum, wie es sich am besten für Sie ergibt.

Wer so vorgeht, gestaltet nicht nur die Gegenwart. Wie nebenbei nimmt auch die Zukunft schon Formen an. Dank der Punkte auf Ihrer Liste können Sie sich schon heute ein Bild davon malen. Bereits jetzt können Sie über künftige Absichten sprechen, darauf hinarbeiten und sich auf das freuen, was in Ihrer Vorstellung vor Ihnen liegt. Eine sortierte Antwort auf Fragen nach Ihren Lebensarrangements ergibt sich daraus obendrein. Ob es um die Partnerwahl, die Karriereplanung oder einfach um die Frage geht, wann man sich mal wieder sieht, sagen Sie entspannt: »Das steht auf meiner Liste.« Wenn es für Sie passt, setzen Sie eine Zeitangabe wie »ganz oben« oder »für dieses Jahr« dazu. Nötig ist es aber nicht.

»Es steht auf meiner Liste« gehört zu meinen persönlichen Lieblingssätzen. Es macht einfach einen großen Unterschied, ob ein Wunsch untergeht oder auf die Liste der künftigen Pläne wandert. Das eine ist ein Abschied für immer. Das andere wächst zu einer Art Konzept für spätere Kapitel des Lebens, im Stil der Buchreihe *1000 Places to see before you die*, nur viel persönlicher und vielfältiger.

Für Sie heißt das: Sie stecken immer voller Pläne. Wenn eine Beziehung zu Ende geht, das Empty-Nest-Syndrom naht oder Sie aus irgendeinem Grund sportlich lahmgelegt sind, fallen Sie in kein Loch. Dank der Liste schließen Sie das Vakuum im Handumdrehen mit attraktiven Alternativen. Und falls zum Schluss raus die Zeit doch nicht für alles reicht? Wenn wir die Liste nie ganz abarbeiten? Darauf habe ich ehrlicherweise keine Antwort. Ich finde aber den Gedanken tröstlich: Es sind die aufgeschobenen Punkte, die offenbleiben. Das, was Ihnen zu gegebener Zeit am meisten bedeutet hat, haben Sie ja schon verwirklicht.

25

AWESOME!

Es geht schon am Flughafen los. »Oh, you come from Germany«, sagt eine Mitreisende in der Schlange am Mietwagenschalter in Washington Dulles. Dann setzt sie das Wort hinterher, das mich wie kein anderes ankommen lässt: »Awesome!« Dabei bin ich eigentlich kein Mensch, der Überschwang schätzt. Wenn ich etwas als »wundervoll« oder »unglaublich« bezeichne, muss es schon etwas Ergreifendes sein wie der Zauber der verschneiten Zugspitze, wenn der Sessellift hoch zum Issenkopf gleitet, das erste Ultraschallbild eines Babys oder eines jener Musikstücke, die man am besten nur selten hört, damit sich ihre berückende Wirkung nicht abnutzt.

Im Englischen hingegen führe ich »awesome« andauernd im Mund. Das schöne Adjektiv, in dem die Ehrfurcht, das Wunder und das Staunen stecken, ist zwischen Boston und San Francisco allgegenwärtig. Ein Naturschauspiel kann ebenso »awesome« sein wie Lionel Messi, ein Blockbusterfilm oder ein veganer Burger, und natürlich könnte man sich von Good old Germany aus an dieser Stelle wieder einmal über das XXL-Gerede der Amerikaner belustigen. Denn dass der eine oder andere

Modemoment bei der Met Gala dem Publikum Ahs und Ohs entlockt, kann man noch nachvollziehen. Doch was bitte, soll zum Beispiel an der Tatsache, dass jemand aus Deutschland kommt, so besonders sein? Schließlich kommt jeder von irgendwo her.

Mit dem Wort über diesem Kapitel ist es wie mit Hollywood: Es ist nicht mehr ganz das, was es einmal war. Seit »awesome« in den 1980er-Jahren seinen Siegeszug antrat, hat sich seine Wucht verflacht. More often than not wird es als Synonym für »super«, »genial« oder »wow!« verwendet. Das schmälert aber seine ureigentliche Bedeutung nicht. Von alters her und immer noch heißt »awesome«: wundersam, ehrfurchtgebietend, überwältigend. Wobei mir schlagartig auffällt: Der Duden gibt ähnliche Wörter des andächtigen Staunens her. Sie können »Awesome!« im Folgenden daher auch durch »Wunderbar!«, »Magisch!«, »Atemberaubend« oder »Superkalifragilistisch!« ersetzen, wenn Sie sich davon mehr angesprochen fühlen. Hauptsache, Sie haben ein Wort im Kopf, das Sie anregt, mit großen Augen durch die Welt zu gehen. Das haben wir in unserer nüchternen Rationalität nämlich ein bisschen verlernt, und vielleicht sehen Sie darin nicht einmal einen großen Verlust. Die psychologische Forschung sagt allerdings etwas anderes.

Unisono preisen Psychologinnen und Psychologen Ehrfurcht als ideales Mittel, ein übersteigertes Geltungsbedürfnis in den Griff zu bekommen. Warum das so ist, erklärt die amerikanische Neurologieprofessorin Virginia Sturm: Ehrfurcht, so ihre These, fördere ein gesundes Gefühl für »die Proportion zwischen dem eigenen Selbst und dem Gesamtbild der Welt«. Die Wunder um einen herum rücken das eigene Ich in die angemessene Perspektive.[46] Das kann dazu führen, dass wir uns nicht ganz so wichtig nehmen und weniger nach Bewunderung und Bestätigung heischen. Anders ausgedrückt: Wer dem Staunen Raum gibt (wie die Amerikaner mit ihrem »Awesome!«), gewinnt vielleicht eine objektivere Vorstellung von der eigenen Bedeutsamkeit in der Welt als jemand, der sich nicht groß beeindrucken lässt (wie die Österreicher mit ihrem »Eh kloa«). Es kann sich lohnen, wenn wir uns darauf öfter mal besinnen.

Manchmal ist die Haltung, die wir als Pathos abtun, nämlich angemessener, als wir denken. Definitiv verdient es zum Beispiel Ehrfurcht, in einem freien, sicheren Land voller Möglichkeiten und Annehmlichkeiten zu leben. Ganz und gar darf einem der Mund offen bleiben angesichts der anhaltenden Fortschritte der Künstlichen Intelligenz. Und wenn Sie es lieber alltäglicher möchten: Was anderes als ein kleines Wunder ist es denn, beim Kauf einer grauen Wandfarbe zwischen Normandy Grey, Elephant Breath, Dolphin und drei Dutzend weiteren fantasievoll benannten Farbtönen wählen zu können, allesamt mit pudriger Optik, raumlufthygienisch unbedenklich und für Allergiker geeignet?

So betrachtet nimmt es nicht wunder, dass sich ausgerechnet die größten Denker nicht zu schlau zum Staunen waren. Von Einstein zum Beispiel stammt der Gedanke, dass wissenschaftliche Entwicklung im Endeffekt eine ständige Flucht vor dem Staunen ist. Für den spanischen Philosophen José Ortega y Gasset waren Überraschung und Verwunderung der Sport und Luxus des geistigen

Menschen. Goethe sah das Staunen sogar als das Höchste an, wozu wir Menschen gelangen können. Selbst wenn man so weit nicht gehen will: Auf jeden Fall hebt uns einmal kurz wundern über uns selbst hinaus.

Unterhalten sich zwei. Elizabeth Augustine und Jack Baker lernen sich kennen, teilen sich einen Hot Dog und vertrauen sich gegenseitig an, was die Welt zu einem magischen Ort für sie macht. Ins Meer hineinlaufen, sagt sie. Im Sonnenuntergang hoch oben auf dem Heuwagen fahren, sagt er. Der Moment, wenn bei einer Hochzeit die ersten Takte von »Treulich geführt« erklingen, und alle erheben sich. Der David von Michelangelo. Wenn du ein Bild von Mark Rothko so lange anstarrst, dass es zu vibrieren scheint. Der Anfang von Mozarts Sinfonie Nr. 40. Der lila Schimmer im Innern einer Auster. Nackt schwimmen früh morgens. Nackt schwimmen zu *jeder* Tageszeit … In seinem Romanbestseller *Wellness* vermittelt der US-Autor Nathan Hill, was Ehrfurcht heute heißt: den Sinn für das Besondere pflegen und dabei den Alltag hinter sich lassen. Wer staunt, tritt nämlich einen erhebenden Moment lang aus sich heraus. Wir spüren die eigene Winzigkeit im Universum und begreifen uns als Teil eines größeren Kontexts. Nöte und Sorgen rücken dabei ebenso in den Hintergrund wie Überheblichkeit, egozentrische Anwandlungen und die Sorge ums Image.

Ausgelöst werden die Wow-Erlebnisse durch Reize, die unseren üblichen Bezugsrahmen sprengen. Herausragende Kunst- und Naturerfahrungen können uns selig machen. Der Anfang und das Ende des Lebens lassen niemanden unberührt. Religion und Spiritualität lösen Ergriffenheit aus. Doch Ehrfurcht geht auch ohne Aufwand und Brimborium. Sie müssen weder in die Philharmonie gehen noch zu den Pyramiden von Gizeh reisen, um sie erleben zu können. Eine Schneelandschaft kann Ihnen die Tür zu einer anderen Dimension öffnen, ein Lieblingssong, ein Gedicht, eine große Idee, ein unvergesslicher Torschuss oder das selbstlose Handeln eines anderen Menschen. Feuerwerke verursachen Gänsehautmomente ebenso wie der kollektive Jubel beim Eishockey oder die wummernden Bässe bei einem Rockkonzert.

Alles davon ist dazu angetan, dass wir für kurze Zeit in etwas aufgehen, was unsere eigenen Fähigkeiten überschreitet. Nehmen Sie den Frühling als naheliegendes Beispiel. Alle Jahre wieder reproduziert die Natur sich neu. Trotzdem kommt es, für mich jedenfalls, jedes Mal dem Wunder gleich, das der Schweizer Dichter Conrad Ferdinand Meyer in Worte gefasst hat: »Ungebändigt, kreuz und quer, / über alle Pfade her / schießen blütenschwere Zweige, / daß dir jedes Haupt sich neige, und die Demut ist nicht schwer.« Vielleicht erscheint Ihnen so viel Hingabe exaltiert. Vielleicht halten Sie es eher mit Heinrich Heine, der in dem Achtzeiler *Ein Fräulein stand am Meere* die Romantik des Sonnenuntergangs auf den Boden der schnöden Tatsachen holte: »Mein Fräulein! sein Sie munter, /Das ist ein altes Stück, / Hier vorne geht sie unter / und kehrt von hinten zurück!« Der Reim ist auch fast 200 Jahre später noch für einen Lacher gut. Zugleich fühle ich mich ertappt. Meine Foto-App fällt mir ein, in der Dutzende goldener Stunden gespeichert sind, weil jede einzelne mir mal unfassbar »Awesome!« erschienen ist. Ist das sentimental? Einfallslos? Abgedroschen?

Das will ich nicht denken. Schönheit verdient es, finde ich, immer wieder neu gesehen und bestaunt zu werden. Auch wenn sie sich seit Milliarden von Jahren wiederholt. Mit unseren fotografierten Naturstimmungen verewigen wir, was uns beeindruckt. In milderer Form durchschauert uns ein Gefühl wie das, von dem Edgar Mitchell berichtete, der sechste Mann auf dem Mond. »We are stardust«, durchfuhr es ihn, als er unseren kleinen Planeten zum ersten Mal aus dem All erblickte. »And that was pretty awesome and powerful.«

Von Glück kann sagen, wer sich bei allem Wissen und Können die Ehrfurcht für die kleinen und großen Wunder der Welt bewahrt. Denn staunende Anerkennung weitet nicht nur den Blick. Sie tut uns auch mental und körperlich gut. In einer Überblicksstudie haben die Psychologen Maria Monroy und Dacher Keltner das Gefühl der Hochachtung ausführlich unter die Lupe genommen.[47] Seither haben wir es schwarz auf weiß: Wenn wir etwas »Awesome!« finden, spielen acht bis zehn positive Emotionen zusammen. Die Ehrfurcht drückt sich äußerlich in geweiteten Augen, hochgezogenen Brauen und einem offenen, leicht herabhängenden Mund aus. Cool sieht anders aus, und daraus könnte man schließen, dass nur naive, ahnungslose Menschen staunen. Welterfahrene hingegen, so denkt man, geben sich abgeklärt: Kenne ich doch, hatte ich schon, weiß ich längst.

Wer so denkt, beraubt sich einer wertvollen Erfahrung. Wenn wir »Awesome!«-Gefühle zulassen, springt nämlich innerlich das parasympathische Nervensystem an. Das Immunsystem schüttet Zytokine aus, Botenstoffe, die den Körper vor Entzündungen schützen. Gleichzeitig kommt das sympathische Nervensystem zur Ruhe ebenso wie das sogenannte Ruhezustandsnetzwerk des Gehirns, das an Gedankenprozessen wie Tagträumereien, Vergangenheitsbewältigung und Zukunftsplanung beteiligt ist. Das bedeutet konkret: Wer staunt, wälzt weniger Gedanken, gewinnt mehr Abstand zu sich selbst und wendet sich stärker der Außenwelt zu. Stress, Angst, Traurigkeit und andere negative Gefühle flauen ab. Oder poetischer: Über den Wolken oder vor einem Rothko wird, was uns groß und wichtig erscheint, plötzlich nichtig und klein. Bei der Erinnerung an die unvergessenen Worte von Reinhard Mey wird mir einiges klar. Selten fühle ich mich so dem Alltag enthoben, wie wenn ich durch eine Ausstellung gehe. Dabei bin ich in Sachen bildende Kunst nicht einmal besonders bewandert. Jetzt weiß ich, woher die Wirkung rührt. Beim Schauen und Staunen bewegen wir uns vollkommen im Hier und Jetzt, der Dimension, die am meisten Glück bringt und den Geist entspannt. Und das ist noch lange nicht alles. Ehrfurcht tut uns nicht nur gut. Sie eröffnet uns neue Sichtweisen. Sogar zu besseren Menschen kann sie uns machen.

Wenn die Nachbarin bei der freiwilligen Feuerwehr Unfallopfer aus deformiertem Blech befreit oder jemand einen großen Teil eines Erbes stiftet, gibt es dafür kein anderes Wort als »Awesome!« Wir empfinden tiefen Respekt, und der Wunsch kommt auf, auch selbst ein wenig mehr zu helfen, zu fördern und zu kooperieren. Unser Körper wirkt daran fleißig mit. Sobald wir ins Staunen geraten, kurbelt er die Produktion des Bindungshormons

Oxytocin an, das uns empathischer und großzügiger handeln lässt. Aus welchem Grund wir staunen, spielt dabei keine Rolle. Allein die Tatsache, dass wir es tun, steigert unsere Bereitschaft, über den eigenen Horizont hinauszuschauen und uns für das Gemeinwohl einzusetzen.

Damit Sie von den erhellenden und erhebenden Effekten des Staunens profitieren, brauchen Sie also weder Superhelden als Vorbilder noch Megaevents zur Anregung. Im Prinzip genügt es, wenn Sie mit empfänglichen Sinnen durch die Welt gehen. Lassen Sie sich von ziehenden Wolken mittragen, von mitreißender Musik überwältigen, von hochherzigen oder großartigen Menschen beeindrucken: ihrer Hilfsbereitschaft, ihrer Courage, ihrer Intelligenz. Nehmen Sie bewusst den Wechsel der Jahreszeiten wahr, spüren Sie, wie eine schwindelerregende Brücke Ihren Gleichmut ins Wanken bringt, gestehen Sie sich zu, dass eine herzzerreißende Filmszene Sie weich werden lässt und Blitz und Donner Ihnen mehr Eindruck machen, als es zum coolen Selbstbild passt. Und vor allem: Wehren Sie die Gefühle außerhalb des normalen Spektrums nicht gleich wieder ab. Je mehr Sie Ihren Sinn für das Erstaunliche, Erhabene und auch mal Einschüchternde schärfen, desto klarer werden Sie sich der Größe gewahr, die Sie umgibt. Das rückt manches zurecht. Nicht zuletzt das eigene Ego.

Manchmal sind wir Menschen ein bisschen seltsam gestrickt. Was sich wiederholt, erstaunt nicht mehr. Was uns heute wie Magie erscheint, ist kurz darauf selbstverständlich. Die große Liebe ist ein paar Jahre später das vertraute Gesicht am Frühstückstisch. Die musikalische

Entdeckung: abgenudelt und vergessen. Das dreißigste Sonnenuntergangsfoto sieht auch kaum anders als das neunundzwanzigste aus. In einem der immer noch beliebtesten Länder der Welt zu leben, fällt nur auf, wenn uns jemand dazu beglückwünscht. »Habituation«, weiß die Neurowissenschaftlerin Tali Sharot, »will diminish the amazingness.«[48] Gewöhnung verringert die Großartigkeit. Kluge Rationierung hingegen verlängert den Zauber. Es kann sich deshalb lohnen, die Kamera mal beiseitezulassen oder die bevorzugten Fotomotive zu variieren. Eine besondere Musik niemals in Endlosschleife zu hören. Und unbedingt: Lieber mal getrennt frühstücken / feiern / verreisen, damit der Lieblingsmensch bis ans Ende aller Tage »Awesome!« bleibt.

PS: DAS IST EIN GEDANKE

»Everything has to come to an end, sometime«, heißt es in *Der Zauberer von Oz*. Bevor es so weit ist, kommt in einem ordentlichen Buch üblicherweise ein Schlusskapitel. Ich weiß nicht, wie es Ihnen geht. Wenn es sich nicht gerade um einen Krimi handelt, kommen mir die letzten paar Seiten oft wie einer jener Abschiede vor, die sich ewig hinziehen: »Also, dann mach's gut.« – »Ja, ihr auch.« – »Wir sehen uns.« – »Unbedingt.« – »War schön mit euch.« – »Find ich auch …«. Es kann dauern, bis das letzte Wort gesprochen ist und jeder seiner Wege geht.

Deshalb habe ich mir gedacht, ich spare uns das Schlusskapitel und spendiere Ihnen zum Abschied lieber einen letzten Spruch. Er heißt »Das ist ein Gedanke« und nimmt einen vorderen Platz im Repertoire der Sätze ein, die mir den Coach und die Couch ersetzen. Liebe auf den ersten Blick war er bei mir allerdings nicht. Dafür führte ihn mein erster Projektleiter, nennen wir ihn Klaus, zu oft im Mund. Eine unkonventionelle Konzeptidee: »Das ist ein Gedanke.« Ein Anliegen außer der Reihe: »Das ist ein Gedanke.« Ein Einwand im Meeting: »Das ist ein Gesichtspunkt.« Anfangs irritierte mich die laue Reaktion. Erst mit der Zeit merkte ich: Auch wenn es auf Uneingeweihte so wirken mochte, Klaus schmetterte die Vorschläge des Teams nicht ab. Er sprang nur nicht sofort darauf an. Oft kam er später darauf zurück, wollte mehr wissen, hakte nach. Es gab aber auch Eingebungen, von denen nie mehr die Rede war. Sie hatten sich wohl als weniger gut erwiesen als gedacht. Deshalb vermisste auch niemand etwas, wenn sie versandeten.

Worauf ich hinaus will: Ich musste mich mit »Das ist ein Gedanke« erst anfreunden. Inzwischen ist mir der Wert des Satzes bewusst. Vier Worte nur, und mir wird klar: Nicht alles, was meine innere Stimme mir sagt, ist zu meinem Besten. In solchen Fällen wirkt »Das ist ein Gedanke« wie ein kühlendes Handtuch auf der Stirn. Es gewährt eine Minipause, um sich kurz mal zu besinnen.

Schon an normalen Tagen gehen uns im Schnitt über 6 000 Gedanken durch den Kopf. Die Forscher Julie Tseng und Jordan Poppenk von der kanadischen Queen's University haben die Menge errechnet und zu diesem Zweck die groben Übergänge von einem großen Gedanken zu einem anderen großen Gedanken gemessen.[49] Sie können sich anhand der hohen Zahl leicht ausrechnen: Wir denken immer und überall. Wichtige Gedanken und unwichtige. Brillante und verquere. Richtige und falsche. Freudige und traurige. Rückblickende und zukunftsbezogene. Sachliche und subjektive. Produktive und komplett selbstschädigende. Viele von ihnen kommen und gehen, ohne dass sie bis zur Oberfläche des Bewusstseins auftauchen. In einzelnen verfangen wir uns. So oder so kann uns unser Denken ganz schön aus der Ruhe bringen. Es kann uns ermutigen, euphorisieren, aufwühlen, runterziehen.

»Nicht die Dinge machen uns zu schaffen, sondern die Art und Weise, wie wir diese wahrnehmen«, lehrte vor Urzeiten der Stoiker Epiktet. Nicht die blöde Bemerkung, die Höhe eines Bonus oder die süße Liebeserklärung sind also die Ursache unseres Fühlens, sondern unsere selbst gemachten Werturteile dazu. Wenn Sie sich gelegentlich beim Denken und Fühlen zuschauen, erkennen Sie den Zusammenhang sofort: Fühlen Sie sich gerade rundum gut, gehen Ihnen im gleichen Moment sehr wahrscheinlich auch gute, freundliche Gedanken durch den Kopf, zum Beispiel, dass der Bonus erfreulich hoch ausgefallen ist. Wallen dagegen negative Gefühle auf, redet Ihre innere Stimme Ihnen etwas ein, das Sie in Rage bringt: dass die Höhe der Sonderzahlung eine Frechheit ist, die Stichelei einfach unverschämt oder die Liebesbekundung ein bisschen zu floskelhaft, um romantisch zu sein. Oder so. Nach dem gleichen Prinzip kommen auch Glückseligkeit und Herzbeben nicht aus dem Nichts. Egal, wie wir uns fühlen, immer trägt unser innerer Monolog zu unserer Stimmung bei.

Wer das verstanden hat, hält so etwas wie den Schlüssel zur Freiheit in der Hand. Auch wenn es sich anders anfühlen mag, sind wir unseren Gefühlen nie völlig ausgeliefert. Wir können sie über unsere Gedanken regulieren. Je beruhigender und wertschätzender wir mit uns selbst sprechen, je mehr wir Gedanken, die nicht dieser Kategorie angehören, auf Abstand halten, desto leichter können wir unser bestes Ich abrufen. Desto vernünftiger handeln wir, desto konzentrierter arbeiten wir, desto stabilere Beziehungen führen wir.

Es gibt nur einen Haken. Nicht immer pendelt sich die Stimmung von allein in einen produktiven, gelassenen Zustand ein. Gerade eben konnte ich mir regelrecht dabei zusehen: Erst zeigte mein MacBook eine PDF-Datei nicht an, dann wollte der Drucker nicht, wie er sollte, schon war es mit der Konzentration vorbei. Statt sich eine pragmatische Lösung einfallen zu lassen, malte mein Gehirn mir aus, was wäre, wenn ich auf die Schnelle einen neuen Drucker brauchte, ausgerechnet heute, wo die Zeit ohnehin rannte … Sie merken schon: Ich gehöre zu den Menschen, die sich aus banalem Grund eine albtraumhafte Realität erschaffen können. Man muss sich nur ausreichend in einen Gedankengang hineinsteigern, um von dem Gefühl überwältigt zu sein, dass eine lästige Störung das Ende der Welt bedeutet. Es sei denn, man besinnt sich und bringt vor allem anderen wieder Ruhe ins Hirn.

Im Fitnessstudio, während der Trizeps arbeitet oder welcher Muskel sonst gerade dran ist, laufen nicht nur die Gedanken frei. Man hört auch unvermeidlich mit, was Menschen bewegt. So bin ich an die Geschichte von Noah gekommen. Er scheint ein aufgewecktes Kind zu sein, Instrumentalunterricht, Kinderfeuerwehr, Dinobücher und: Zum Bouldern geht er neuerdings auch. Nur Schule ist bisher nicht sein Ding. Seine Mutter, die mit einer Freundin neben mir trainiert, macht sich deshalb Gedanken, seit Noah in der zweiten Klasse ist. Was, wenn er den Übergang in die weiterführende Schule nicht schafft? Dann, fürchtet sie, ist sein Start ins Leben von vornherein vermasselt. Zumal die örtliche Realschule keinen guten Ruf genießt, von der Mittelschule ganz zu schweigen. Kein einziger von Noahs Freunden würde dort hingehen. »Jetzt mach dich mal locker«, sagt die Freundin und drückt kontrolliert die Fußplatte von sich weg. »Du wirst sehen, das wird alles gut. Noah ist ein Kämpfer. Der beißt sich durch.«

Der Zuspruch ist gut gemeint. Doch so einfach ist es nicht. Wenn Ihre Emotionen gelegentlich mit Ihnen durchgehen, wissen Sie: Sich zur Gelassenheit zu mahnen, funktioniert meistens nicht. Aufgewühlte Gefühle lassen sich nicht ohne Weiteres einfangen. Schon eher können Sie an einer anderen Schraube drehen. Statt die Gefühle zu dämpfen, nehmen Sie mit »Das ist ein Gedanke« auf Ihre Denkprozesse Einfluss. Dahinter steht die Erkenntnis: Was wir uns so zusammenreimen, ist nicht der Weisheit letzter Schluss. Vieles ist eingefärbt von den weniger unterstützenden Zeitgenossen in unserem Kopf: dem inneren Kritiker, der Kassandra, dem Angsthasen, dem Miesepeter, der Dramaqueen, der Perfektionistin, dem Gernegroß und wer sonst so alles mitredet in uns.

Es kann aufschlussreich sein, gelegentlich genauer auf die inneren Stimmen zu achten. Was flüstern sie Ihnen zu? Wie viel Selbstkritik ist dabei? Wie viel sozialer Vergleich? Wie viel verlangen sie Ihnen ab? Übertreiben sie gern ein bisschen? Lassen Sie im Dialog mit sich selbst Ihren Horrorvorstellungen freien Lauf? Wie streng sind die Maßstäbe, an denen Sie sich messen? Und dann halten Sie inne und bremsen die inneren Stimmen mit dem neuen Satz: »Das ist ein Gedanke.« Will heißen: ein geistiges Konstrukt. Ein Hirngespinst. Mehr nicht.

Es hilft, sich das ab und zu klarzumachen. Unsere Gedanken sind nicht die Realität.

Sie sind eine denkbare Möglichkeit, genau wie Klaus es uns damals vermitteln wollte, mit seinem ewigen: »Das ist ein Gedanke.« Deshalb kann man auf das, was die inneren Stimmen zum Besten geben, impulsiv aufspringen. Man kann die eigenen Selbstgespräche aber gegebenenfalls auch durch freundlichere, lösungsorientierte Sichtweisen ersetzen. Denn die Gedanken im Kopf sind wie Knetmasse. Wenn Sie wollen, können Sie sie so zurechtbiegen, dass sie Ihnen das Leben nicht schwerer, sondern leichter machen.

Selbstgespräche mit positiver Wirkung erinnern Sie an Ihre Ressourcen, wenn es hart auf hart geht, wie Satz 1: »Ich komme immer zurecht.« Sie können eingefahrene Denkmuster auf die Schippe nehmen wie Satz 11: »Deine Firma liegt nicht nachts wach und denkt an dich.« Sie können ein sanfter Stups sein wie Satz 7: »Es gibt nichts Wohligeres als zu Hause zu sein« oder ein überfälliger Tritt in den Hintern wie Satz 4: »Küss den Frosch gleich nach dem Frühstück.« Sie können Verhaltenstendenzen so umdeuten, dass sich leichter damit leben lässt, wie in Satz 18: »Ich bin nicht neidisch, ich bin inspiriert.« Und Sie können sie wie »Das ist ein Gedanke« einladen, nicht jedes Hirngespinst als ultimative Wahrheit zu begreifen.

Das ist das Schöne an Gedanken: Wir haben die Wahl. Wir können unseren inneren Monolog bewusst so lenken, dass er uns in eine ruhigere, produktivere Stimmung bringt. Die 25 Sätze plus ein Satz sind dafür ein Anfangsimpuls. Sie befreien Sie aus den Schleifen, in denen das Denken sich verheddern kann. Im Vergleich mit dem, was uns gelegentlich den Kopf beschwert, erweisen sie sich als so verträglich wie Hafermilch, die manchmal die bessere Alternative zu Kuhmilch darstellt. Wenn Ihnen Laktose nicht bekommt, wissen Sie, was ich meine.

Und jetzt sind Sie dran! Verleiben Sie sich Ihre Lieblingssätze ein, und denken Sie sie, so oft sie möchten.

Sie nudeln sich weder ab noch müssen Sie dafür GEMA-Gebühren bezahlen. Im Gegenteil: Je mehr produktive Glaubenssätze zum wiederkehrenden Refrain Ihres Denkens gehören, desto intensiver entfalten sie ihre therapeutische Wirkung. Desto zuverlässiger führen Sie mit sich jene Art von Gesprächen, die Schwere rausnehmen, Zuversicht schenken, Perspektiven verrücken und Sie auf neue Gedanken bringen. Und wenn Sie noch einen Schritt weitergehen wollen, dann erweitern Sie Ihr Repertoire der Sätze, die den Coach und die Couch ersetzen, um neue, eigene Lieblingssprüche. Respektlose und tiefgründige. Angelesene und selbst ausgedachte. Und am allerbesten leichte, heitere. Denn oft liegt die notwendige Veränderung schon darin, dass man über fast alles lachen kann. Oder jedenfalls eine gewisse Distanz aufbaut, zu dem, was ist. Machen Sie es gut!

QUELLENANGABEN

1 Wood, J. V., Perunovic, W. Q. Elaine, Lee, J. W. (2009). Positive Self-Statements: Power for Some, Peril for Others. Psychological Science, 20(7), 860–866. https://doi.org/10.1111/j.1467-9280.2009.02370.x

2 Burgunder, B. Goodreads.com, www.goodreads.com/author/quotes/14671015.Brittany_Burgunder?page=5

3 Robertson, K., O'Reilly, J. »Killing them with kindness«? A study of service employees' responses to uncivil customers. J Organ Behav. 2020; 41: 797–813. https://doi.org/10.1002/job.2425

4 Robinson, B. E. Ph. D. The 90-Second Rule That Builds Self-Control
The key to greater happiness and peace of mind. Psychology Today, April 26, 2020. www.psychologytoday.com/ca/blog/the-right-mindset/202004/the-90-second-rule-builds-self-control

5 Sinus. 8 von 10 Deutschen leiden unter ihrer Aufschieberitis. 01.03.2018, www.sinus-institut.de/media-center/news/8-von-10-deutschen-leiden-unter-ihrer-aufschieberitis

6 Petersen, M. Wer prokrastiniert, ist kreativer! t3n, 20.01.2016, https://t3n.de/news/prokrastination-kreativitaet-672186/

7 Mubanga, M., Byberg, L., Nowak, C. et al. Dog ownership and the risk of cardiovascular disease and death – a nationwide cohort study. Sci Rep 7, 15821 (2017). https://doi.org/10.1038/s41598-017-16118-6

8 Stambor, Z. (2007, December 1). Is our happiness set in stone? Monitor on Psychology, 38(11). www.apa.org/monitor/dec07/happiness

9 Brown, B. The Gifts of Imperfection: Let Go of Who You Think You're Supposed to Be and Embrace Who You Are. Hazelden Publishing 2010

10 Saxbe, D. E., Repetti, R. (2010). No Place Like Home: Home Tours Correlate With Daily Patterns of Mood and Cortisol. Personality and Social Psychology Bulletin, 36(1), 71–81. https://doi.org/10.1177/0146167209352864

11 Bähr, L. Können wir uns glücklich wohnen? Schöner wohnen, Wohnpsychologe Uwe Linke im Interview, www.schoener-wohnen.de/einrichten/raeume-tipps-zur-planung-und-einrichtung/42247-rtkl-koennen-wir-uns-gluecklich-wohnen

12 Eckermann, J. P. Gespräche mit Goethe in den letzten Jahren seines Lebens. Montag, den 23. März 1829. Gutenberg Edition 16

13 Ekman, P., Telling, L. Clues to Deceit in the Marketplace, Politics, and Marriage. W. W. Norton & Co. Inc. 1992

14 Prisco, J. Could you land a plane in an emergency? CNN, June 27, 2022, https://edition.cnn.com/travel/article/could-you-land-plane-emergency/index.html

15 The Conversation. Almost half the men surveyed think they could land a passenger plane. Experts disagree. November 28, 2023, https://theconversation.com/almost-half-the-men-surveyed-think-they-could-land-a-passenger-plane-experts-disagree-218037

16 Pronin, E., Lin, D. Y., Ross, L. (2002). The Bias Blind Spot: Perceptions of Bias in Self Versus Others. Personality and Social Psychology Bulletin, 28(3), 369–381. https://doi.org/10.1177/0146167202286008

17 Lohmeier, L. Singles in Deutschland nach Alter im Vergleich mit der Bevölkerung im Jahr 2021, In: Statista, 17. April 2024, https://de.statista.com/statistik/daten/studie/286794/umfrage/umfrage-in-deutschland-zur-anzahl-der-singles-nach-alter/

18 González, P. Single-Dasein: Warum so viele Menschen Angst davor haben und was man dagegen tun kann (laut einer Psychologin). GQ, 31. Mai 2022, www.gq-magazin.de/beziehung-sex/artikel/single-dasein-angst-was-man-dagegen-tun-kann-laut-psychologin

19 Rabin, R. C. Put a Ring on It? Millennial Couples Are in No Hurry. New York Times, 29. Mai 2018

20 Simon, V., Bretz, U. Ohne Glotze ess ich nicht. SZ, 17. Mai 2010, www.sueddeutsche.de/leben/das-duell-essen-vorm-fernseher-ohne-glotze-ess-ich-nicht-1.116542

21 Statista Market Insights, Bekleidung weltweit, Highlights. Februar 2024, https://de.statista.com/outlook/cmo/bekleidung/weltweit

22 Behling, D. U., Williams, E. A. (1991). Influence of Dress on Perception of Intelligence and Expectations of Scholastic Achievement. Clothing and Textiles Research Journal, 9(4), 1–7. https://doi.org/10.1177/0887302X9100900401

23 Adam, H., Galinsky, A. D. (2012). Enclothed cognition. Journal of Experimental Social Psychology, 48, 918–925.

24 Arndt. S. GEN-Z-DEBATTE: Faule Jugend? Ausgebrannte Eltern! Brigitte 13.01.2023, www.brigitte.de/aktuell/gesellschaft/gen-z-debatte--faule-jugend--ausgebrannte-eltern--13457134.html

25 Märtin, D. Gut ist besser als perfekt. dtv 2003

26 Zwilling, M. Why Good Is Better Than Perfect. Forbes, Aug 19, 2014, www.forbes.com/sites/aileron/2014/08/19/why-good-is-better-than-perfect/

27 Podcast: The Baggage Reclaim Sessions with Natalie Lue, EP. 198: PERFECTIONISM AND THE IDEALISED SELF, Oct 2, 2020, www.baggagereclaim.co.uk/podcast-ep-198-perfectionism-and-the-idealised-self/

28 Filmzitate, Serienzitate & mehr. www.filmzitate.de/film/Harry-und-Sally-1989

29 Jiménez, F. Ich und mein Spleen: Was wir tun, wenn wir alleine sind. C. H. Beck, 2016.

30 Wie werde ich zu einem interessanten Menschen? In: School of Life, 20. Juli 2023. www.theschooloflife.com/berlin/blog/interessanterer-mensch-sein/

31 Detert, J. R. Choosing Courage: The Everyday Guide to Being Brave at Work. Harvard Business Review Press 2021

32 John F. Kennedy (JFK) Moon Speech Transcript: »We Choose to Go to the Moon«, www.rev.com/blog/transcripts/john-f-kennedy-jfk-moon-speech-transcript-we-choose-to-go-to-the-moon

33 de Quervain, D. J., Fischbacher, U., Treyer, V., Schellhammer, M., Schnyder, U., Buck, A., Fehr, E. The neural basis of altruistic punishment. Science. 27. August 2004; 305(5688):1254–8. doi:10.1126/science.1100735. PMID: 15 333 831.

34 Carlsmith, K. M., Wilson T. D., Gilbert D. T. The paradoxical consequences of revenge. J Pers Soc Psychol. Dezember 2008; 95(6):1316–24. doi:10.1037/a0012165. PMID: 19 025 285.

35 Bernhardt, F. Rache – blinder Fleck der Moderne? Sendung vom 18. Juni 2023, SWR2 Matinee, SWR2, www.swr.de/swrkultur/leben-und-gesellschaft/geschieht-dir-recht-rache-swr2-matinee-2023-06-18-100.html

36 Rache macht die ganze Welt blind. In: Gedankenwelt, https://gedankenwelt.de/rache-macht-die-ganze-welt-blind/

37 Freizeit-Monitor 2022. Freizeit im Jahresvergleich, 20. September 2022, www.freizeitmonitor.de/2022/freizeit-im-jahresvergleich/

38 Pörksen, B. Digital Detox: Gefährliche Behaglichkeit. Süddeutsche Zeitung, 13. Oktober 2019, www.sueddeutsche.de/leben/digital-detox-rueckzug-poerksen-meinung-1.4623321

39 Worauf die Deutschen neidisch sind. Wirtschaftswoche, 10. September 2015

40 van de Ven, N. Envy and its consequences: Why it is useful to distinguish between benign and malicious envy. Juni 2016, Social and Personality Psychology Compass. 10, 6, p. 337–349.

41 Eckermann, I. M., Hartmann, C. Topophilie: Wo wir uns zu Hause fühlen. Spektrum, 16.04.2024, www.spektrum.de/news/zuhause-wo-wir-uns-zugehoerig-fuehlen/2213482

42 McCann Worldgroup. The Truth about Gen Z. 2021, https://truthaboutgenz.mccannworldgroup.com/p/1

43 Brigham, T. I've been a »millennial therapist« for more than 5 years – and this is their No. 1 complaint. CNBC. 2. Juli 2019, www.cnbc.com/2019/07/02/a-millennial-therapist-brings-up-the-biggest-complaint-they-bring-up-in-therapy.html

44 Lindner, J. Fear Of Missing Out Statistics: Market Report & Data. 20. Dezember 2023, https://gitnux.org/fear-of-missing-out-statistics/

45 Zukunftsinstitut. Megatrend Silver Society. 10. Dezember 2023, www.zukunftsinstitut.de/zukunftsthemen/megatrend-silver-society

46 Sturm, V. E., Datta, S., Roy, A. R. K., Sible, I. J., Kosik, E. L., Veziris, C. R., Chow, T. E., Morris, N. A., Neuhaus, J., Kramer, J. H., Miller, B. L., Holley, S. R., Keltner, D. Big smile, small self: Awe walks promote prosocial positive emotions in older adults. Emotion. 22. August 2022; 22(5):1044–1058. doi:10.1037/emo0000876. Epub 2020 Sep 21. PMID: 32 955 293; PMCID: PMC8034841.

47 Monroy, M., Keltner, D. Awe as a Pathway to Mental and Physical Health. Perspect Psychol Sci. 2023 Mar; 18(2):309–320. doi:10.1177/17456916221094856. Epub 22. August 2022. PMID: 35 994 778; PMCID: PMC10018061.

48 DuLong, J. New ways to count your blessings: Science-backed strategies for increasing your joy. CNN, February 23, 2024, https://edition.cnn.com/2024/02/23/health/how-to-appreciate-what-you-have-wellness/index.html

49 Tseng, J., Poppenk, J. Brain meta-state transitions demarcate thoughts across task contexts exposing the mental noise of trait neuroticism. Nat Commun11, 3480 (2020). https://doi.org/10.1038/s41467-020-17255-9 Im Internet geistert die Zahl 60 000 herum.

15 The Conversation. Almost half the men surveyed think they could land a passenger plane. Experts disagree. November 28, 2023, https://theconversation.com/almost-half-the-men-surveyed-think-they-could-land-a-passenger-plane-experts-disagree-218037
16 Pronin, E., Lin, D. Y., Ross, L. (2002). The Bias Blind Spot: Perceptions of Bias in Self Versus Others. Personality and Social Psychology Bulletin, 28(3), 369–381. https://doi.org/10.1177/0146167202286008
17 Lohmeier, L. Singles in Deutschland nach Alter im Vergleich mit der Bevölkerung im Jahr 2021, In: Statista, 17. April 2024, https://de.statista.com/statistik/daten/studie/286794/umfrage/umfrage-in-deutschland-zur-anzahl-der-singles-nach-alter/
18 González, P. Single-Dasein: Warum so viele Menschen Angst davor haben und was man dagegen tun kann (laut einer Psychologin). GQ, 31. Mai 2022, www.gq-magazin.de/beziehung-sex/artikel/single-dasein-angst-was-man-dagegen-tun-kann-laut-psychologin
19 Rabin, R. C. Put a Ring on It? Millennial Couples Are in No Hurry. New York Times, 29. Mai 2018
20 Simon, V., Bretz, U. Ohne Glotze ess ich nicht. SZ, 17. Mai 2010, www.sueddeutsche.de/leben/das-duell-essen-vorm-fernseher-ohne-glotze-ess-ich-nicht-1.116542
21 Statista Market Insights, Bekleidung weltweit, Highlights. Februar 2024, https://de.statista.com/outlook/cmo/bekleidung/weltweit
22 Behling, D. U., Williams, E. A. (1991). Influence of Dress on Perception of Intelligence and Expectations of Scholastic Achievement. Clothing and Textiles Research Journal, 9(4), 1–7. https://doi.org/10.1177/0887302X9100900401
23 Adam, H., Galinsky, A. D. (2012). Enclothed cognition. Journal of Experimental Social Psychology, 48, 918–925.
24 Arndt. S. GEN-Z-DEBATTE: Faule Jugend? Ausgebrannte Eltern! Brigitte 13.01.2023, www.brigitte.de/aktuell/gesellschaft/gen-z-debatte--faule-jugend--ausgebrannte-eltern--13457134.html
25 Märtin, D. Gut ist besser als perfekt. dtv 2003
26 Zwilling, M. Why Good Is Better Than Perfect. Forbes, Aug 19, 2014, www.forbes.com/sites/aileron/2014/08/19/why-good-is-better-than-perfect/
27 Podcast: The Baggage Reclaim Sessions with Natalie Lue, EP. 198: PERFECTIONISM AND THE IDEALISED SELF, Oct 2, 2020, www.baggagereclaim.co.uk/podcast-ep-198-perfectionism-and-the-idealised-self/
28 Filmzitate, Serienzitate & mehr. www.filmzitate.de/film/Harry-und-Sally-1989
29 Jiménez, F. Ich und mein Spleen: Was wir tun, wenn wir alleine sind. C. H. Beck, 2016.
30 Wie werde ich zu einem interessanten Menschen? In: School of Life, 20. Juli 2023. www.theschooloflife.com/berlin/blog/interessanterer-mensch-sein/
31 Detert, J. R. Choosing Courage: The Everyday Guide to Being Brave at Work. Harvard Business Review Press 2021
32 John F. Kennedy (JFK) Moon Speech Transcript: »We Choose to Go to the Moon«, www.rev.com/blog/transcripts/john-f-kennedy-jfk-moon-speech-transcript-we-choose-to-go-to-the-moon
33 de Quervain, D. J., Fischbacher, U., Treyer, V., Schellhammer, M., Schnyder, U., Buck, A., Fehr, E. The neural basis of altruistic punishment. Science. 27. August 2004; 305(5688):1254–8. doi:10.1126/science.1100735. PMID: 15 333 831.

34 Carlsmith, K. M., Wilson T. D., Gilbert D. T. The paradoxical consequences of revenge. J Pers Soc Psychol. Dezember 2008; 95(6):1316–24. doi:10.1037/a0012165. PMID: 19 025 285.

35 Bernhardt, F. Rache – blinder Fleck der Moderne? Sendung vom 18. Juni 2023, SWR2 Matinee, SWR2, www.swr.de/swrkultur/leben-und-gesellschaft/geschieht-dir-recht-rache-swr2-matinee-2023-06-18-100.html

36 Rache macht die ganze Welt blind. In: Gedankenwelt, https://gedankenwelt.de/rache-macht-die-ganze-welt-blind/

37 Freizeit-Monitor 2022. Freizeit im Jahresvergleich, 20. September 2022, www.freizeitmonitor.de/2022/freizeit-im-jahresvergleich/

38 Pörksen, B. Digital Detox: Gefährliche Behaglichkeit. Süddeutsche Zeitung, 13. Oktober 2019, www.sueddeutsche.de/leben/digital-detox-rueckzug-poerksen-meinung-1.4623321

39 Worauf die Deutschen neidisch sind. Wirtschaftswoche, 10. September 2015

40 van de Ven, N. Envy and its consequences: Why it is useful to distinguish between benign and malicious envy. Juni 2016, Social and Personality Psychology Compass. 10, 6, p. 337–349.

41 Eckermann, I. M., Hartmann, C. Topophilie: Wo wir uns zu Hause fühlen. Spektrum, 16.04.2024, www.spektrum.de/news/zuhause-wo-wir-uns-zugehoerig-fuehlen/2213482

42 McCann Worldgroup. The Truth about Gen Z. 2021, https://truthaboutgenz.mccannworldgroup.com/p/1

43 Brigham, T. I've been a »millennial therapist« for more than 5 years – and this is their No. 1 complaint. CNBC. 2. Juli 2019, www.cnbc.com/2019/07/02/a-millennial-therapist-brings-up-the-biggest-complaint-they-bring-up-in-therapy.html

44 Lindner, J. Fear Of Missing Out Statistics: Market Report & Data. 20. Dezember 2023, https://gitnux.org/fear-of-missing-out-statistics/

45 Zukunftsinstitut. Megatrend Silver Society. 10. Dezember 2023, www.zukunftsinstitut.de/zukunftsthemen/megatrend-silver-society

46 Sturm, V. E., Datta, S., Roy, A. R. K., Sible, I. J., Kosik, E. L., Veziris, C. R., Chow, T. E., Morris, N. A., Neuhaus, J., Kramer, J. H., Miller, B. L., Holley, S. R., Keltner, D. Big smile, small self: Awe walks promote prosocial positive emotions in older adults. Emotion. 22. August 2022; 22(5):1044–1058. doi:10.1037/emo0000876. Epub 2020 Sep 21. PMID: 32 955 293; PMCID: PMC8034841.

47 Monroy, M., Keltner, D. Awe as a Pathway to Mental and Physical Health. Perspect Psychol Sci. 2023 Mar; 18(2):309–320. doi:10.1177/17456916221094856. Epub 22. August 2022. PMID: 35 994 778; PMCID: PMC10018061.

48 DuLong, J. New ways to count your blessings: Science-backed strategies for increasing your joy. CNN, February 23, 2024, https://edition.cnn.com/2024/02/23/health/how-to-appreciate-what-you-have-wellness/index.html

49 Tseng, J., Poppenk, J. Brain meta-state transitions demarcate thoughts across task contexts exposing the mental noise of trait neuroticism. Nat Commun11, 3480 (2020). https://doi.org/10.1038/s41467-020-17255-9 Im Internet geistert die Zahl 60 000 herum.